…QUE D'INSTRUCTION & D'ÉDUCATION DU CITOYEN

…oles d'un Instituteur Républicain

PAR

Charles DESSEZ

Inspecteur d'Académie

PRÉFACE DE

M. Édouard PETIT

Inspecteur général de l'Instruction Publique

PARIS

Librairie d'Éducation nationale

ALCIDE PICARD ET KAAN, ÉDITEURS

11, 18 et 20, rue Soufflot

Paroles

D'UN

Instituteur Républicain

BIBLIOTHÈQUE D'INSTRUCTION ET D'ÉDUCATION DU CITOYEN

Paroles d'un Instituteur Républicain

PAR

Charles DESSEZ

Inspecteur d'Académie

PRÉFACE DE

M. Édouard PETIT

Inspecteur général de l'Instruction Publique

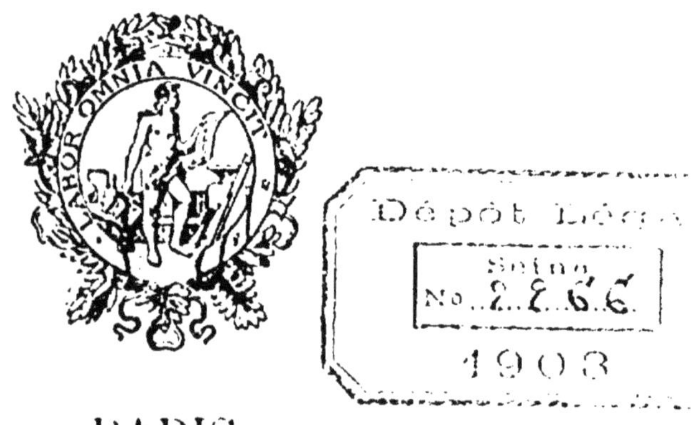

PARIS

Librairie d'Éducation nationale

ALCIDE PICARD ET KAAN, ÉDITEURS

11, 18 et 20, RUE SOUFFLOT.

PRÉFACE

Cher Monsieur Dessez,

J'ai lu, j'ai signalé souvent à l'attention des professionnels et des amis de l'enseignement, les discours de sens si ferme, de forme si châtiée, que dans le Lot-et-Garonne, dans la Nièvre, vous avez adressés à vos collaborateurs. Je me réjouis de les voir réunis en volume.

Ils valaient de survivre aux séances et cérémonies qui avaient servi de prétexte et d'occasion à leur naissance. Dispersés dans des journaux, dans des bulletins, ils n'avaient eu qu'une influence locale et passagère. Rapprochés, classés, ils forment un tout bien homogène et bien vivant qui produira une impression de durable et de féconde unité.

C'est toute une doctrine qui s'en dégage, d'inspiration forte et saine.

Vos Paroles d'un Instituteur *revendiquent les droits de la Raison, plaident la cause du Vrai, du Juste.*

Elles préconisent l'action, le progrès, l'aide mutuelle. Elles s'élancent vers un idéal d'humanité et de solidarité.

Et c'est sans pédantisme que l'idée directrice s'exté-

riorise. Vous ne faites point la leçon. Vous avez l'éloquence persuasive et aimable. Vous savez conquérir les cœurs par l'enveloppante sincérité de la démonstration.

Au vrai c'est toute la pédagogie et toute l'éducation sociale que vous abordez en des Discours qui sont comme autant de chapitres d'un livre lié et composé harmonieusement en exactes parties de proportions bien équilibrées.

Que vous ayez eu au début le dessein arrêté de résoudre par la forme oratoire les problèmes scolaires qui s'imposent aux recherches de la génération présente, je ne l'affirmerais pas.

Vous avez tiré parti d'une Fête, d'une Assemblée qui vous faisait prendre contact avec les instituteurs et vous leur avez parlé en instituteur, fraternellement. Vous avez devant eux ouvert toute votre âme. Vous vous êtes associé à leur vie de labeur obscur et désintéressé. Vous vous êtes montré, déclaré leur ami en pleine franchise de sentiments, sans souci de la hiérarchie administrative.

Vos Paroles *les ont remués, émus et peut-être étonnés. C'était la voix du cœur « qui seule au cœur arrive », comme dit le poète. Ils se sont reconnus en vous. Ils se sont sentis aimés. Ils vous ont demandé à nouveau, conseils, instructions, encouragements. Ils se sont tournés vers vous parce que vous leur montriez, en vous intéressant à eux, la route à suivre, l'orientation à donner à leur vie et publique et intime.*

Et ce rôle de guide, de « directeur de consciences » vous l'avez assumé, simplement, bonnement car vous sentiez que vos Paroles *s'achèveraient en actes dont l'Ecole, dont la Nation bénéficieraient.*

Peu à peu le plan de vos « Oraisons laïques » s'est précisé dans votre esprit. Chaque année, soit qu'une Association d'anciens élèves se réunît, soit que la Société de Secours mutuels des Instituteurs organisât un banquet, ici à une distribution de prix, là à une inauguration d'école, vous avez substitué aux improvisations, — aussitôt mortes que nées, — aux harangues déclamatoires et banales où tant d'orateurs officiels se complaisent, des « Paroles » longuement méditées, dépassant de beaucoup la portée de la solennité où il était donné aux familles, aux enfants, au personnel enseignant de les entendre pour s'en inspirer demain dans l'application coutumière.

C'est ainsi qu'ont retenti ces « Paroles » qui, aujourd'hui, grâce à la diffusion du livre, apporteront à d'autres qu'à vos heureux auditeurs : le Credo *et le* Décalogue *d'un Instituteur, l'Eloge des Petites A, de l'Ecole laïque et celle des Ecolières et celle des Ecoliers, de l'Ecole primaire supérieure, des Cours secondaires de jeunes filles, du Collège des garçons « libéral, national et social », de la Société d'Instruction Populaire, du Cours d'adultes, de la Conférence publique, etc.*

Car vous avez embrassé toutes les questions qui se rattachent aux trois ordres d'enseignement, et sur toutes vous avez jeté les grâces de votre raison souriante, à toutes vous avez donné une solution à la fois distinguée, élégante et sérieusement établie.

Peu importe que vos « Paroles » viennent d'Agen, de Villeneuve-sur-Lot, de Decize, de Nevers, elles ne se limitent jamais à un point de départ étroit. Elles s'élèvent, elles s'élargissent à la pensée générale. Elles ne sauraient être localisées. Parties d'un petit coin de la

France scolaire, elles s'adressent à toute la France républicaine et partout elles diront l'espoir, la « jolie vaillance », le réconfort, la foi dans l'avenir, partout elles graveront au profond des cœurs la confiance dans les éducateurs nationaux.

D'Ecole en Ecole, les Paroles d'un Instituteur *s'envoleront et elles resteront. Elles sont Bréviaire d'énergie et d'action conscientes.*

ÉDOUARD PETIT.

PAROLES
D'UN
INSTITUTEUR RÉPUBLICAIN

I
LES PRINCIPES

I. — LE CREDO D'UN INSTITUTEUR (1)

MESDAMES,
MESSIEURS,

Je vous remercie d'être venus, en si grand nombre, assister à ce banquet. Après cette laborieuse et très intéressante séance où ont été votés nos nouveaux statuts, il était bon, il était nécessaire de nous réunir autour de ces tables : l'art culinaire de notre amphytrion a supprimé les divergences d'opinion qui pouvaient subsister entre nous, et c'est ici que s'affirme et se traduit de la manière la plus agréable le sentiment de notre solidarité fraternelle; ici, en effet, il n'y a plus ni chefs ni subordonnés, ni inspecteurs ni instituteurs, ni directeurs ni adjoints; il n'y a que des amis heureux de se revoir et de remuer ensemble de chers souvenirs. Je remercie particulièrement les

(1) Discours prononcé, le 28 mai 1901, au banquet annuel de la société de secours mutuels des Instituteurs de la Nièvre.

membres honoraires de notre Société, et surtout les dames qui ont bien voulu se joindre à nous ; les premiers nous témoignent une sympathie agissante dont nous sommes vivement touchés, les autres sont le charme de réunions de ce genre, et je voudrais qu'elles fussent encore plus nombreuses : étant de la famille, elles n'enlèveraient à nos conversations rien de leur franche intimité, rien de leur cordial abandon, et, en y mettant leur sourire et leur grâce, elles en doubleraient la valeur. Et maintenant, puisque, au dire de votre vice-président M. Fèvre, vous vous attendez à ce que je fasse un discours, laissez-moi, non pas prononcer un discours en règle, mais vous exposer en toute simplicité les réflexions que me suggère la récente décision de la Chambre des députés relative à la Déclaration des droits de l'homme et du citoyen.

Vous savez que la Chambre vient de voter l'affichage de la Déclaration dans toutes nos écoles, généralisant ainsi une mesure dont plusieurs de mes collègues avaient pris l'initiative, et que je vous avais moi-même, dès mon arrivée dans la Nièvre, chaudement recommandée. Mais, ce que vous ignorez peut-être, ou ce à quoi vous n'avez pas prêté une attention suffisante, c'est l'accord, je pourrais dire l'unanimité des votants. Consultez la liste publiée par l'*Officiel*, et vous y trouverez les noms de presque tous les députés de tous les partis, de ceux de droite comme ceux de gauche, des monarchistes dont l'idéal politique et social semblait être au XIIIe siècle, comme des républicains réputés les plus avancés. Tel homme qui a consacré son grand talent de parole à exalter l'ancien régime et ses facultés d'organisateur à le restaurer, voisine et fraternise avec tel autre qui juge les constituants, les conventionnels eux-mêmes trop timides. Ceux qui passaient pour les héritiers des doctrines de Joseph de Maistre et de de Bonald s'unissent, pour une fois, aux successeurs de Proudhon et de Louis Blanc. Mélange touchant et qui rappelle la nuit du 4 août, mais qui ressemble aussi à une ironie et qui laisse bien des gens en défiance. Pour nous, Messieurs, n'y cherchons pas malice ; félicitons-nous plutôt de la tâche nouvelle à laquelle on nous convie ; réjouissons-nous de ce que notre Chambre française, reprenant à l'aurore du xxe siècle la tradition de ses grandes aînées du xviiie, nous ait invités de nouveau à enseigner, avec les Droits de l'homme et du citoyen, les Droits de la Raison.

Car, au fond, Messieurs, c'est bien des Droits de la Raison qu'il s'agit, et la Déclaration des droits de l'homme et du citoyen n'est qu'un des articles du *credo* rationnel d'un instituteur. Notre grand Descartes l'a formulé le premier quand il s'est donné comme règle de « ne recevoir aucune chose comme vraie qu'il ne la connût *évidemment* être telle ». Ce jour-là, il a affranchi la science du joug de l'autorité pour la soumettre uniquement aux lois de la Raison. Et la science qui, durant tant de siècles, était demeurée à peu près stationnaire, a marché, dès lors, à pas de géant. Perfectionnant ses méthodes, la mathématique s'est étendue à une foule d'objets nouveaux, au monde des formes comme à celui des nombres, et Newton a pu établir les lois de l'attraction universelle qui régissent les astres errant dans les cieux comme les atomes du moindre des corps placés à la surface de la terre. En même temps la physique s'est développée d'une façon prodigieuse, découvrant coup sur coup les lois de la pesanteur, celles de la lumière et du son, celles de la chaleur et de l'électricité, puis, chose plus admirable encore, l'unité profonde de ces phénomènes et de leurs lois, si bien que tout l'univers matériel, avec ses couleurs et ses parfums, avec ses bruits et ses harmonies, se réduit pour nous, aujourd'hui, à un seul et même phénomène, le mouvement, à un seul et même système de forces dont la quantité ne change pas. Réfléchissez maintenant aux merveilleux progrès de la chimie depuis Lavoisier, à ceux de la biologie avec Claude Bernard et avec Pasteur, et, si jamais on vient vous dire que la science a fait faillite, gardez-vous d'en rien croire. Nous qui ne demandons pas à la science ce qu'elle ne peut donner, c'est-à-dire la solution du problème de la cause première et de la fin dernière du monde, nous avons en elle une confiance invincible ; nous croyons qu'elle ira toujours plus avant, éloignant sans cesse la sphère d'ombre qui nous enveloppe, nous révélant un monde infiniment plus beau que celui de toutes les mythologies, et nous apportant, chaque jour, pour le soulagement de nos misères, de nouveaux bienfaits.

Le second article de notre *credo*, c'est que la même Raison qui seule conduit notre esprit dans la recherche de la vérité a droit aussi de nous diriger dans la recherche du Bien. Elle fonde la morale comme elle fonde la science. Vous le savez mieux que personne, mieux que les philosophes raisonnant dans leur cabinet, vous qui, par de simples appels à la conscience, c'est-à-dire à la raison pratique de vos élèves, les formez à la vertu. Et cependant cela est encore contesté, et en France, et en bien des pays. Ceux d'entre vous qui assistaient, l'an dernier, au congrès international de l'enseignement primaire, n'ont pas oublié cet instituteur belge venant réclamer, pour ses collègues de Belgique, le droit d'enseigner la morale comme les instituteurs français. Ils se rappellent aussi, certainement, ces orateurs animés d'un tout autre esprit qui émettaient des doutes sur la bonté, sur la légitimité même de notre œuvre, se refusant à comprendre une morale sans une religion positive à sa base. Comme si les religions positives, loin de fonder la morale, n'étaient pas elles-mêmes soumises au contrôle de la morale! Comme s'il pouvait y avoir, au sein de l'humanité, une autorité supérieure à la conscience humaine! — Quant à nous, Messieurs, ce n'est pas seulement pour remplir les programmes officiels, c'est surtout pour obéir à nos convictions les plus réfléchies que nous revendiquons la charge et l'honneur d'enseigner le Bien à nos élèves comme nous leur enseignons le Vrai. Si leurs croyances les divisent, nous voulons les unir : si, devenus hommes, ils s'affranchissent de certains dogmes, nous voulons qu'ils restent immuablement soumis aux lois de leur conscience. Héritiers de la tradition philosophique de tous les peuples civilisés et connaissant les nécessités de notre époque, nous nous proclamons, dans l'ordre pratique comme dans l'ordre théorique, les sujets de la Raison.

Étant ce qu'il y a de plus divin dans l'homme, elle est dans la nation le seul souverain de droit divin, et voilà précisément ce qu'affirme la Déclaration des droits de l'homme et du citoyen, voilà pourquoi celle-ci fait partie intégrante de notre *credo*. La Déclaration est notre évangile politique parce qu'elle est l'application à la Politique des principes qui régissent la Morale et la Science. Déjà Descartes l'entrevoyait comme possible, et, comme il était prudent, il s'en défendait avec énergie. Il protestait que tout son effort se bornait à la réforme de son propre jugement, et qu'il n'était ni assez indiscret ni assez téméraire pour vouloir réformer les États. Mais les principes ont leur logique, Messieurs, et cette logique est inéluctable. Il devait fatalement arriver que les penseurs examineraient les institutions et les lois, les inégalités et les servitudes de l'ancien régime, et qu'ils les condamneraient pour ne les avoir pas trouvées conformes aux exigences de la Raison. Fatalement aussi un nouvel ordre de choses devait naître qui mettrait la souveraineté là où elle est en effet, c'est-à-dire dans la nation, supprimerait les privilèges et les abus, et assurerait à chaque homme le libre exercice de ses facultés, à chaque citoyen une participation aux affaires de l'État. La méthode cartésienne conduisait à la Révolution française. Tout le monde le reconnaît aujourd'hui, mais il est des gens qui le regrettent. Ils déplorent que nos pères aient été moins soucieux de leurs intérêts qu'amoureux de la logique, ils les blâment d'avoir abandonné la tradition pour obéir à la Raison seule. Nous, Messieurs, loin de les en blâmer, nous disons que ç'a été leur grandeur et leur gloire. Nos pères ont eu foi en la vérité, ils l'ont suivie partout où elle les a menés, et c'est pour cela qu'ils ont conquis les peuples à la religion du droit, et que tous les opprimés du monde les ont bénis.

La vérité, d'ailleurs, est toujours bienfaisante. Pendant un certain temps, une philosophie sortie des sciences naturelles nous a représenté les hommes comme nécessairement engagés dans la lutte pour la vie, et nous étions tentés de maudire la Science qui semblait ainsi nous réduire à la condition des bêtes féroces. Mais cette science-là n'était qu'une demi-science, et la vérité est tout autre. Les naturalistes contemporains nous ont montré que, dans les sociétés animales comme dans les corps vivants, chaque membre n'est et ne se développe que par le concours de tous. Et les économistes avec les philosophes ont prouvé la même chose des sociétés humaines. Tous les enfants d'une même nation sont étroitement liés les uns aux autres dans l'espace et dans le temps, chacun devant à ceux qui vivent avec lui comme à ceux qui l'ont précédé le meilleur de ses ressources matérielles et de ses connaissances, le meilleur de sa moralité et de son bonheur. Là où des disciples trop pressés de Darwin ne voyaient que des ennemis, tout au moins des rivaux, nous voyons aujourd'hui des associés solidaires. A la lutte pour la vie, une science plus complète a substitué l'union pour la vie. — Oh ! je sais bien que cette doctrine encore a ses adversaires. Les mêmes hommes qui déclarent avec joie la science en faillite se rient de cette solidarité dont nous faisons une des bases de notre morale sociale, comme ils critiquent notre morale laïque en général, comme ils bafouent chaque jour nos principes républicains. Ils sont logiques dans leur haine. Soyons-le, nous aussi, Messieurs, dans notre amour. Faisons de ce principe de la solidarité humaine un des points essentiels de notre *credo*, inculquons-le à nos élèves par la double voie de l'intelligence et du cœur, et puis laissons passer, souriants, les attaques impuissantes des ennemis de la Raison. Ce n'est pas avec une lance qu'on arrête une locomotive, et ce n'est pas avec des traits d'esprit qu'on tue la vérité.

Je ne saurais, Messieurs, énumérer ici tous les articles du *credo* de l'instituteur. Ils sont multiples, car ils comprennent, avec toutes les affirmations de la conscience moderne, tout ce que la pédagogie nous a révélé, depuis trois siècles, sur les principes d'une éducation libérale et vraiment humaine. J'ai voulu surtout, aujourd'hui, vous faire saisir, avec l'esprit de la Déclaration des droits, la place qu'elle occupe dans la chaîne de nos croyances, ses rapports avec les choses qui nous tiennent le plus au cœur. Mais, après avoir affirmé la solidarité des hommes dans une même nation, je manquerais à mon devoir d'instituteur du xxe siècle si je n'affirmais aussi la solidarité des nations entre elles, et la commune obligation pour tous les instituteurs du monde de travailler en faveur de la paix. Certes, je ne saurais être suspect de tiédeur patriotique. Fils d'Alsace-Lorraine, je ne puis détacher ni ma pensée ni mon cœur de mon pays natal, et je vis avec l'indomptable espérance de le voir redevenir français. Avec Michelet, je tiens que la principale raison d'être de l'école est d'enseigner la France, et, si j'aime passionnément mon métier, c'est précisément parce qu'il me permet de fortifier et d'ennoblir dans les âmes le culte qui devrait nous réunir tous, le culte de la patrie. Mais tout en n'oubliant rien de 1870, tout en voulant que nous soyons toujours vigilants et forts, je me refuse à enseigner la haine. Je crois que toutes les nations peuvent efficacement travailler au grand œuvre du progrès humain, et que leur harmonie est souverainement désirable ; je crois que toutes ont droit au respect et que les insulter ou les mépriser, comme le font trop souvent de prétendus patriotes, ne serait pas digne de nous ; je crois, en un mot, que le plus ardent patriotisme n'exclut pas le plus large esprit d'humanité. Soyons donc humains, Messieurs, comme nous sommes Français. On nous accusera de naïveté, peut-être ; on dira qu'il est absurde de rêver la concorde entre les nations après l'échec de la conférence de La Haye, au moment même où l'Angleterre écrase de toutes ses forces, au sud de l'Afrique, un petit peuple de héros. Laissez dire, Messieurs, et gardez fermement votre croyance au triomphe final de la justice. Le progrès, en toute chose, est fait par les optimistes et les croyants. La reconnaissance des droits des peuples suivra, un jour, celle des droits de l'homme et du citoyen, et, si tous les éducateurs de la jeunesse, si tous les amis de l'humanité le veulent avec persévérance, « la paix par le droit » finira par régner dans le monde, la Raison finira par avoir raison.

II. — LE DÉCALOGUE D'UN INSTITUTEUR (1)

Mesdames,
Messieurs,

Mon premier devoir — et je le remplis avec beaucoup de plaisir — est de remercier en votre nom M. le Préfet de la Nièvre qui a bien voulu, sans la moindre hésitation, honorer de sa présence notre modeste banquet. Il atteste ainsi qu'il est, non seulement par ses fonctions, mais par ses sentiments, un membre de la famille universitaire; appelé par la loi qui nous régit à se prononcer en dernier ressort sur vos nominations, il vous assure, avec cette exquise courtoisie à laquelle chacun rend hommage, un souci vigilant de votre dignité et de vos intérêts. Peut-être n'aurons-nous pas toujours, à votre endroit, des projets identiques, mais, même sous les divergences occasionnelles, se retrouvera l'accord fondamental, car l'esprit qui nous anime tous deux est le même : c'est, j'en ai la certitude pour M. le Préfet, et la conscience pour ma part, un esprit de justice et de bonté.

Et maintenant, mes chers amis, permettez-moi de continuer la tâche que j'avais commencée, ici même,

(1) Discours prononcé, le 21 mai 1902, au banquet de la Société de secours mutuels des instituteurs de la Nièvre.

l'année dernière. S'il vous en souvient, je vous avais exposé alors les principes essentiels qui me paraissent solliciter la foi de l'instituteur du vingtième siècle, de l'instituteur laïque et républicain. Je voudrais, aujourd'hui, simplement, familièrement, énumérer les préceptes qui doivent diriger votre conduite. Après le Credo, laissez-moi vous dire comme le Décalogue d'un Instituteur.

*
* *

Le premier article de ce décalogue n'est pas pour vous déplaire, car il tient en ces trois mots : *portez-vous bien*. Oui, Messieurs, portez-vous bien. Et ne croyez pas que la santé soit uniquement un présent de la fortune, une de ces choses qu'un hasard nous donne et qu'un hasard nous enlève. En réalité, elle dépend de nous, sinon intégralement, du moins pour une large part. Nous l'affaiblissons, et sans profit pour personne, quand, dans nos classes, nous faisons des efforts de voix trop considérables ; en même temps que nous assourdissons nos élèves, au grand détriment de leur intelligence et de la discipline, nous fatiguons notre larynx et nos bronches et nous sommes obligés de recourir ensuite, pour les rétablir, à tous ces médicaments dont la liste sans cesse grandissante effraie notre excellent trésorier. Notre santé, nous la compromettons quand nous ne prenons pas assez d'exercice. Au lieu de rester immobiles, à respirer un air souvent vicié, faisons de longues promenades sur les bords riants de la Loire ou à travers les monts et les forêts du Morvan ; mieux encore, bêchons notre jardin, cultivons amoureusement nos légumes et nos fleurs; nous emplirons nos poitrines d'air pur, et nous amasserons pour la besogne quotidienne une provision de forces sans cesse renouvelée. Portez-vous bien, vous surtout, Mesdames les Institutrices. Seules ou mariées, ne négligez pas votre cuisine. Ayez plaisir à préparer, pour vous-mêmes, ou à la fois pour vous et pour les vôtres, une nourriture saine et appétissante. Aménagez avec goût, ornez votre chambre ou votre maison. Je vous veux aussi expertes dans les travaux du ménage que dans ceux de l'école, car, loin de se nuire, ces deux genres de besogne se complètent merveilleusement. Le premier, en vous assurant la santé et la bonne humeur, vous préparera pour le second; plus fortes et plus joyeuses, vous retrouverez vos élèves avec plus de plaisir.

Continuez votre culture personnelle, voilà le second article de notre décalogue. L'Ecole normale, avec ses programmes encyclopédiques, n'a pu que vous donner une initiation aux choses multiples que vous êtes chargés d'enseigner. Vous avez étudié la langue et la littérature françaises, mais, avouez-le, vous vous êtes sentis embarrassés plus d'une fois quand vous avez eu, jeunes maîtres, à expliquer une simple fable de La Fontaine. Vous avez parcouru l'histoire, la géographie, mais que de coins dans ces immenses domaines vous sont demeurés forcément inconnus! Que de détails curieux vous ont échappé! Combien souvent les causes des événements ou des phénomènes vous sont restées mystérieuses! Vous avez suivi un excellent cours de morale, mais, quand nous nous trouvons en présence d'un enfant à élever, nous nous sentons tous, moi comme vous, inférieurs à notre tâche. Nous voudrions posséder tout le meilleur de la sagesse ancienne et moderne pour le faire passer, comme un lait vivifiant, dans celui qui nous écoute, et nous ne nous trouvons jamais assez clairs et assez persuasifs parce que nous ne sommes jamais assez prêts. Travaillez donc, mes chers amis, afin de vous mettre, un peu plus chaque jour, à la hauteur de votre rôle. Stagiaires, préparez-vous à l'examen du certificat d'aptitude pédagogique, non seulement par l'envoi régulier de devoirs à nos comités, par la lecture attentive des grands théoriciens de l'éducation, mais aussi et surtout par des réflexions personnelles sur les méthodes en usage dans vos classes et sur leurs résultats. Titulaires, faites tous ce que je me réjouis de voir faire par un grand nombre d'entre vous : les uns fouillent les archives de leurs mairies, recueillent sur les lèvres des aïeules les légendes d'autrefois, écrivent les monographies de leurs communes, et, donnant à leurs élèves ce qu'ils ont trouvé de plus significatif, associent intimement à l'histoire générale celle de la province, à l'histoire de France celle du Nivernais. Les autres, soit qu'ils aspirent aux fonctions supérieures de l'enseignement primaire, soit simplement par un souci désintéressé de leur culture, viennent suivre nos conférences mensuelles du jeudi, et approfondissent leurs connaissance littéraires et philosophiques. Peu importe, d'ailleurs, le sujet d'études que vous préférerez, l'essentiel est de fournir un aliment pur à votre petite flamme intérieure ; il faut, avant la classe, tenir votre esprit en activité, si vous voulez, pendant la classe, remplir votre devoir.

*
* *

Ce devoir, Messieurs, quel est-il ? C'est, en premier

lieu, de *former des esprits actifs et réfléchis*. On vous l'a dit maintes fois déjà, et on vous le redira certainement encore : la plupart de nos exercices scolaires n'ont pas leur fin en eux-mêmes. Une leçon de choses, une leçon de physique ou d'histoire naturelle, n'a pas tant pour objet d'inculquer à l'enfant une quantité de notions plus ou moins considérable que de lui donner l'habitude de l'observation méthodique et attentive, que de l'exercer à rattacher les phénomènes à leurs causes, et de le convaincre, par l'expérience, de la constance et de l'universalité des lois naturelles. De même une leçon d'histoire ou de géographie est manquée, tout intéressants qu'en puissent être les détails, si elle laisse l'esprit passif, si elle ne provoque point la réflexion. Quand vous parlez à vos élèves d'un fait historique comme la Révolution française, il faut qu'ils l'apprécient eux-mêmes dans ses causes, dans ses conséquences, dans ses principaux acteurs. Quand vous leur décrivez une des régions de la France, il faut qu'ils saisissent les rapports de la géographie économique de cette région avec sa géographie physique, de l'agriculture, de l'industrie et du commerce avec le relief du sol, le régime des eaux et le climat. Leur jugement, excité par le vôtre, doit être, comme le vôtre, sans cesse en éveil. Demain, en effet, ces enfants auront à diriger, avec leurs propres affaires, les affaires publiques. Notre avenir national, comme notre avenir économique, sera ce qu'ils le feront. Il importe donc qu'ils acquièrent à l'école l'habitude de ne pas se payer de mots et d'aller droit aux choses, le prompt discernement des rapports, le besoin et le goût du vrai. Il est nécessaire qu'ils soient exercés à penser par eux-mêmes et à exprimer clairement des idées justes. N'oublions pas, Messieurs, que nous avons à préparer non des sujets, mais des citoyens.

Ne l'oublions pas, surtout, en nous occupant plus spécialement de leur éducation morale. En même temps que de libres esprits, *suscitons de libres consciences*. Vous avez tous rencontré sur votre route de ces natures pusillanimes qui ont toujours besoin d'être conduites, incapables qu'elles sont de se conduire elles-mêmes. Reçoivent-elles une bonne impulsion, elles ne se refusent pas à faire le bien, mais, si l'excitation initiale est mauvaise, elles n'hésitent pas davantage à faire le mal. Ames passives, elles n'agissent jamais, elles sont perpétuellement agies. Tout autres doivent être les élèves de nos écoles. Ce n'est pas hors d'eux, c'est en eux que doit être le principe de leur vie morale. Il faut qu'en nous quittant ils puissent d'eux-mêmes aller leur chemin droit à la clarté des cieux. C'est dire, Messieurs, qu'il ne suffit pas de livrer simplement à leur mémoire les préceptes de la bonne conduite comme autant d'axiomes que ne relierait aucun lien. Nous n'avons rien fait si ces préceptes ne sont pas acceptés par leur intelligence, s'ils n'enflamment pas leur cœur, s'ils ne deviennent pas la règle habituelle de leur volonté. Et comment atteindre ce but, sinon en leur faisant comprendre l'éminente dignité de la personne humaine et en leur inspirant pour elle un profond respect ? Que ce principe soit une fois bien établi dans leur esprit et dans leur cœur, et nous pourrons être sans inquiétude. Ils se garderont de profaner en eux-mêmes, et ils ne souffriront pas que l'injustice des hommes ou celle de la destinée avilissent dans les autres le caractère sacré que chacun de nous porte en soi. Ils seront d'honnêtes gens, forts et purs, justes et fraternels.

Nous satisferons, par cela même, au cinquième article de notre décalogue : *nous formerons de bons républicains.* Est-il besoin, ici, de poser une question préjudicielle, et de nous demander si la neutralité promise par la loi nous oblige à observer le silence sur les choses essentielles de la vie civique? Non, n'est-ce pas? Nul de nous n'a jamais confondu la neutralité confessionnelle avec la neutralité politique, et nous avons toujours regardé comme une de nos principales obligations celle de faire non seulement connaître, mais aimer, la Constitution qui nous régit. L'âme de nos leçons d'histoire, comme de nos leçons d'instruction civique, c'est l'amour réfléchi de l'égalité et de la liberté. Eh bien, cet amour naîtra spontanément dans ces consciences autonomes que seront nos élèves. Ce respect de la dignité de la personne humaine, qui les empêchera de s'avilir, les empêchera également d'aliéner leur indépendance. La souveraineté que leurs pères ont conquise après tant de luttes, ils sauront la préserver de toute atteinte, fût-ce au prix de leur sang.

Ils conserveront avec non moins de vigilance tout ce qui constitue la Patrie. Ce sol que leurs aïeux ont fécondé de leur sueur et couvert de monuments admirables, ils sauront le défendre contre toute agression et empêcher qu'il ne soit de nouveau amoindri. Ces idées de justice et de droit, qui ont reçu dans notre langue leur plus éloquente expression et dont notre drapeau tricolore a toujours été et doit toujours être le symbole, ils travailleront à les répandre. Ce besoin de concorde et d'union fraternelle pour la vie qui, à travers toutes nos luttes, ne cesse d'agiter nos âmes, ils chercheront enfin à le satisfaire. Ils auront le culte de nos gloires, de toutes nos gloires, sans exclusivisme inintelligent ou sectaire, et, tout en aimant la France d'un amour passionné, ils sauront respecter, parce qu'elles sont des personnes morales, elles aussi, les patries des autres. En formant dans nos classes de libres esprits et de libres consciences, donnons à la Patrie, Messieurs, de bons républicains et de *bons Français*.

∴

Bornée à cela notre tâche serait déjà très grande, mais elle comprend plus encore. Notre œuvre d'éducation n'est pas enfermée dans la classe; elle se prolonge après elle. Nous avons à suivre nos élèves pendant cette période critique de leur vie qui sépare l'école du régiment, et, quand ils reviennent du régiment, nous devons tâcher de les ressaisir, afin de faire d'eux les hommes complets que nous avons rêvés. A coup sûr, cette obligation nouvelle n'est inscrite dans aucune loi, dans aucun règlement. Vous être libres aujourd'hui, comme vous l'étiez il y a dix ans, de l'accepter ou de vous y soustraire. Mais, et c'est votre grand honneur, la conscience en vous parle plus haut et plus impérieusement que les règlements et les lois; dès que vous avez entrevu le mieux, il vous est devenu impossible de ne pas y tendre; spontanément, à ce décalogue intérieur dont j'ai déjà énuméré six préceptes, vous avez ajouté trois articles nouveaux.

Continuons, avez-vous dit d'abord, continuons dans l'adulte le développement intellectuel commencé chez l'enfant. A ces ouvriers de la ville enseignons le peu de géométrie et de dessin qui leur est nécessaire pour se perfectionner dans leur métier. A ces travailleurs de la campagne qui gâchent, tous les ans, par leur ignorance, d'immenses richesses, enseignons les notions de chimie, de physiologie végétale et animale qui leur permettront de rompre avec la routine, de mieux comprendre et de mieux suivre les instructions du professeur spécial d'agriculture. A tous enfin ouvrons les yeux sur les merveilles éparses dans l'univers, sur celles de la nature et sur celles de l'art. Et vous avez créé, dans la plupart de vos écoles, des cours d'adultes, des bibliothèques et des sociétés de lecture, sacrifiant volontiers vos loisirs au devoir que vous vous êtes imposé de répandre autour de vous un peu plus de lumière et de bonheur.

En même temps, Messieurs, vous avez voulu *continuer l'éducation civique de vos concitoyens.* A la fin de chaque leçon réservée aux adultes, comme dans vos conférences populaires, vous traitez une de ces grandes questions qui n'appartiennent pas à la politique militante, mais auxquelles doivent être initiés tous les membres du Souverain. On croit généralement que le législateur a le pouvoir de tout faire, qu'il lui appartient de transformer subitement la société, de supprimer d'un trait de plume toutes les misères et toutes les injustices. Vous montrez, vous, que, pour les phénomènes de la Cité comme pour ceux du Monde, il y a des lois fixes dont l'homme peut se servir mais qu'il ne peut violer. Sans décourager aucune espérance légitime, vous tâchez de donner à vos auditeurs le sens de l'évolution. Les démocraties sont souvent travaillées par l'esprit d'envie, et la nôtre n'a pas su toujours s'en défendre. A notre époque, comme au temps de la grande Révolution, nous avons vu les plus avisés de ses chefs frappés de regrettables ostracismes. Vous réagissez contre ce fâcheux esprit, qui, s'il parvenait à prédominer, éloignerait des affaires publiques les plus capables et les meilleurs, et vous vous efforcez de raffermir le sens du respect. Nos luttes de partis sont ardentes, passionnées, et ce n'est pas un mal, mais les attaques personnelles, les injures, les calomnies même y remplacent trop fréquemment les discussions de principes, les arguments sérieux. Par votre exemple et par vos paroles, par votre attitude et par votre enseignement, vous prêchez la tolérance. Sans abdiquer aucune de vos convictions, aucun de vos droits, vous respectez sincèrement les convictions et les droits d'autrui. Instituteurs de la démocratie, vous enseignez les mœurs de la liberté.

Vous travaillez enfin à *l'éducation sociale du peuple*. Déjà, grâce aux sociétés de secours mutuels que vous avez établies dans vos écoles. vous avez habitué vos élèves à la pratique de la solidarité. Vous leur avez montré, par l'expérience, les bienfaits de l'association, et vous les avez accoutumés à ce haut plaisir de faire des sacrifices les uns pour les autres. Chacun d'eux commence à sentir le lien vivant qui l'unit à ses compagnons. Aux adultes vous tâchez de donner de ce lien une conscience plus claire encore. Vous leur faites comprendre combien ils sont redevables aux autres hommes, et combien aussi ils ont d'avantages à s'unir pour se défendre mutuellement contre la maladie, la vieillesse et la mort, pour protéger leurs intérêts économiques et moraux. Et quand se produit une de ces catastrophes qui plongent l'humanité dans le deuil, qui donc répond avec le plus d'empressement et de générosité vraie à l'appel des malheureux? Ce matin, vous m'avez donné trois fois plus que je ne vous demandais pour nos frères de la Martinique, et, demain, vous allez solliciter pour eux l'obole de vos élèves et celle de leurs familles, heureux d'envoyer à ceux qui souffrent là-bas un témoignage de votre sympathie et un réconfort. En vérité, Messieurs, vous n'êtes plus seulement, comme vous appelait Lamartine, les magistrats de l'intelligence morale, vous êtes devenus les prêtres d'une religion d'amour.

Ainsi entendue, votre œuvre est belle et sainte, et tous les honnêtes gens de tous les partis doivent la saluer avec respect. Si, cependant, il se trouvait des hommes assez égarés, assez affolés par les passions politiques pour jeter sur vous l'outrage et la calomnie, haussez les épaules et passez fièrement votre chemin : vous avez l'approbation de votre conscience, et vous pouvez attendre avec certitude les réparations de l'avenir.

Messieurs, à la fin d'un discours dont vous voudrez bien me pardonner la longueur, je compte sur mes doigts les articles de notre décalogue, et je n'en trouve, hélas ! que neuf. Permettez-moi donc, pour faire bonne mesure, et, si possible, contenter tout le monde, d'y ajouter celui-ci : *ayez confiance en vos chefs* et soyez toujours unis avec eux. Leur existence, dont je voudrais que vous connussiez les détails, est un continuel effort pour vous aider dans votre tâche, en la rendant à la fois plus facile et plus fructueuse, et pour vous assurer, avec la sécurité du lendemain, la légitime rémunération de vos peines. Leur seule ambition, c'est de faire un peu de bien en élevant le niveau de l'éducation populaire et en améliorant votre sort. Maintenez donc avec eux cette heureuse harmonie dont il nous a été offert, dans ces derniers temps, de si touchants témoignages ; leur seule récompense, quand ils vont, la journée finie, prendre un repos bien gagné, c'est de se sentir en communion d'idées et de sentiments avec ceux dont ils se disent et ont le droit de se dire les meilleurs amis, avec vous, Instituteurs.

III. — LES TROIS SOUHAITS D'UN INSTITUTEUR (1)

Mes chers Amis,

Tout à l'heure, on vous a donné la liste des bienfaits dont vous êtes redevables à la République, et l'on vous a dit avec raison que cette liste n'était pas close. Le très sympathique représentant de M. le Préfet me permettra même d'ajouter que, fût-elle arrêtée à ce jour, elle n'est pas complète. De toutes vos récentes conquêtes, en effet, une des plus précieuses me paraît avoir été passée sous silence, et c'est précisément le droit, dont vous jouissez maintenant, de vous grouper en sociétés amicales. Seul, un gouvernement libéral pouvait vous octroyer une semblable liberté. Certaines personnes ont pris peur ; elles ont craint que ces associations professionnelles, ces sortes de syndicats, — le mot a été prononcé, — ne devinssent bientôt des forces révolutionnaires, capables de faire échec à l'action administrative. Nous, administrateurs républicains, nous avons eu et nous avons confiance en votre sagesse. Bien éloignés de regarder de mauvais œil vos Amicales naissantes et d'entraver leur développement, nous avons salué avec

(1) Discours prononcé, le 14 août 1902, au banquet annuel de la Société amicale des instituteurs et institutrices de la Nièvre.

joie, et, dans la mesure de nos moyens, facilité leurs progrès. Et ce que nous avons fait jusqu'à présent, nous le ferons encore à l'avenir, car vos intérêts et les nôtres ne sont pas opposés : ils sont solidaires. Quant à moi, mes amis, je n'hésite pas à vous le dire, vos vœux sont mes vœux : comme vous, et aussi ardemment que vous, je souhaite votre triple indépendance, *matérielle*, *intellectuelle* et *morale*.

⁂

Votre indépendance *matérielle* ! Certes, nous le savons tous, la profession d'instituteur n'est pas de celles qui donnent la richesse, et, quand vous l'avez embrassée, vous n'aviez pas la naïveté de croire qu'elle ferait de vous des Rothschild. Ce qui vous poussait vers elle, c'était l'amour de l'instruction pour vous-mêmes et pour les autres, c'était aussi la considération dont vous voyiez vos maîtres entourés, l'autorité morale dont ils jouissaient. Vous vouliez, comme eux, exercer un métier qui, satisfaisant votre appétit de savoir et votre besoin d'apostolat rationnel, vous permît de vivre honorablement. Mais il n'entrait pas, il ne pouvait entrer dans votre pensée que vous trouveriez sur votre chemin tant de difficultés budgétaires. Vous n'aviez prévu, ni les interminables arrêts dans les postes d'adjoint, ni les longs passages d'une classe à une autre, ni l'élévation chaque jour croissante du prix de la vie. Et quand, ayant fondé une famille, vous avez souffert de la gêne, de la gêne des vôtres surtout, vous avez éprouvé une déception naturelle. Courage pourtant, mes chers amis ! Le Gouvernement et le Parlement, vers lesquels vous vous êtes tournés avec confiance, ne manqueront pas, cette fois encore, de répondre à votre appel. L'un proposera, l'autre votera les crédits nécessaires pour améliorer votre situation. Consciente des services que lui rendent ses instituteurs, la République vous doit et vous donnera ce commencement de bonheur qu'est la possession assurée, pour les vôtres et pour vous, du pain quotidien.

Par cela même, nous serons délivrés d'un pénible souci. Depuis quelques années, le nombre des candidats aux écoles normales d'instituteurs ne cesse de décroître. De plus en plus, les élèves des écoles primaires supérieures, sur qui se fondait l'espoir de notre recrutement, nous abandonnent et vont à l'industrie, ou aux emplois des postes, des contributions indirectes, de la voirie départementale, etc., plus rémunérateurs que les nôtres. Sans doute nous réunissons encore assez de sujets pour occuper les places vacantes, mais nous sommes obligés de prendre à peu près tous ceux qui nous viennent, nous n'avons plus le choix. Sans doute aussi, nous cherchons, autant qu'il est en nous, à faire naître et à faciliter des vocations pour l'avenir, mais nous ne nous faisons guère d'illusion, les moyens auxquels nous avons recours ne sont pas les vrais remèdes, ce ne sont que des palliatifs. Et cela ne laisse pas que d'inquiéter vivement les amis, à plus forte raison les chefs de l'enseignement public. Nous qui voulons cet enseignement supérieur, en tous points, à son rival, nous qui avons consacré toute notre vie à développer sa puissance par l'amélioration de son personnel et de ses méthodes, nous souffrons, comme vous, d'un état de choses qui retarde aujourd'hui ses progrès, et qui, s'il se prolongeait, menacerait demain son existence. Comme vous donc nous bénirons toute mesure législative qui, rendant votre situation plus sortable, ramènera vers nos écoles normales une clientèle plus nombreuse et plus choisie. Dans notre intérêt comme dans le vôtre, comme dans l'intérêt national, il faut que la profession d'instituteur redevienne et demeure une profession enviée.

*
* *

Votre affranchissement matériel, je me plais à le reconnaître, et je vous en félicite, ne fait pas l'unique objet des délibérations de votre Amicale. Autant et plus, peut-être, vous vous y occupez des questions d'ordre pédagogique. Hors de la présence, parfois gênante, il faut bien l'avouer, des inspecteurs primaires... et de l'inspecteur d'académie, vous discutez, en toute liberté, vos programmes et vos méthodes. Un jour, vous étudiez les réformes qu'il y aurait lieu d'apporter à la dictée ou à la composition française du certificat d'études ; un autre, vous essayez de déterminer l'esprit qui doit présider à l'enseignement de l'histoire. Et votre excellent secrétaire, ce brave camarade Gaujour, qui équivaut, lui seul, à tout un comité de rédaction, résume vos délibérations et vos desiderata en une série d'articles que nous lisons tous avec une vive attention. Continuez, mes chers amis, cette bonne et utile besogne. Il y a quelqu'un, disait-on jadis, qui a plus d'esprit que Voltaire, c'est Monsieur Tout-le-Monde. Etait-ce vrai ? Je n'en suis pas très sûr. Mais il y a quelqu'un, je le sais bien, qui s'entend mieux à conduire une classe que l'Inspecteur d'Académie, c'est le corps des instituteurs. Grâce à un contact permanent avec les élèves, vous voyez souvent mieux que nous ce qui leur convient ou ne leur convient pas. Comment il faut s'adresser à leur intelligence pour y projeter de la lumière, comment il faut agir sur leurs caractères pour les rectifier et les fortifier, en les inclinant vers le bien, cela dépend de l'âge, du tempérament, de l'hérédité, du milieu, d'une quantité de choses qui nous échappent, et qui, saisies par vous sur le vif, vous font une psychologie supérieure à notre psychologie. Mieux que nous surtout vous apercevez les conséquences pratiques de nos réformes pédagogiques, leurs effets intellectuels et moraux sur la jeunesse de nos villes et de nos campagnes, leur dernier résultat social. Vous pouvez donc réunir une foule de documents « vécus » dont l'apport nous serait infiniment précieux. Prenons pour exemple, non plus telle ou telle épreuve du certificat d'études, mais le certificat d'études lui-même. Plusieurs parmi vous, non des moins éclairés ni des moins dévoués, imputent à ce pauvre petit examen primaire une longue série de noirs méfaits. Mais plusieurs aussi lui reconnaissent un non moins grand nombre d'avantages. Eh bien ! voulez-vous éclairer notre religion ? Laissez de côté les discussions théoriques, trop abstraites pour être vraiment probantes ; apportez-nous des faits particuliers et précis, constituez comme le dossier du certificat d'études ; nous jugerons après. Un autre exemple encore. Des philosophes, des pédagogues, des hommes politiques, dont quelques-uns me sont personnellement chers, proposent tout un ensemble de réformes dans notre discipline scolaire pour faire l'éducation sociale de nos enfants. Certes, je ne demande pas mieux que de m'associer à leurs efforts ; comme eux, je crois que nos élèves doivent être habitués à vivre pour autrui en même temps que pour eux-mêmes ;

mais les procédés qu'ils préconisent ne me paraissent pas tous également judicieux, et j'hésite à les recommander, d'une façon générale, à mes collaborateurs. Vous, du moins, qui, n'ayant pas ma responsabilité, avez une liberté plus grande, vous pouvez tenter l'épreuve, à vos risques et périls, et publier, dans vos réunions et dans votre Bulletin, les résultats obtenus. Usez avec prudence de votre droit d'initiative, partez en éclaireurs; si la route est bonne, si elle ne mène pas à des fondrières, le gros de l'armée vous suivra. Voilà, mes chers amis, la meilleure manière de réaliser cette indépendance *intellectuelle* qui est mon idéal comme le vôtre. Quelques-uns voudraient qu'il n'y eût plus de chefs, plus de directeurs, plus d'inspecteurs, rien que des associés parfaitement égaux. Je crains bien que cette égalité absolue ne soit, pour longtemps encore, une chimère, mais j'ai appris de mes maîtres en philosophie libérale que les gouvernements devaient, sans démissionner, se préparer à donner leur démission. Je souhaite donc de tout mon cœur que vous sachiez si bien utiliser les ressources intellectuelles de votre Amicale, que vous puissiez vous passer, au plus tôt, de votre Inspecteur d'Académie.

∴

Comme vous, enfin, mes chers amis, je souhaite bien sincèrement ce que l'on pourrait appeler votre affranchissement *moral*. Une lettre que j'écrivais, au commencement de l'année, à votre secrétaire, et qu'a publiée votre dernier Bulletin, vous a déjà dit mon opinion sur les déplacements d'office et les garanties nécessaires ; je puis donc être bref. Laissez-moi ajouter, cependant, que mon adhésion est d'avance acquise à tout projet qui vous assurera une justice distributive plus exacte. La perfection n'est pas de ce monde, et il n'est au pouvoir ni d'une loi, ni d'un homme, de faire régner parmi des hommes l'équité absolue. Mais il est permis d'imaginer et de rechercher un état de choses meilleur que l'état présent. Profitez donc de la force que vous donne votre groupement, de la force plus grande encore que vous donne votre entente avec les Amicales voisines, pour étudier et provoquer les réformes désirables. J'ai vu avec plaisir la création de sociétés d'assurances contre les accidents et la diffamation ; je verrais avec enthousiasme, comme un triomphe personnel, la constitution d'une ligue qui aurait pour objet la suppression, la diminution, tout au moins, de la faveur et de l'injustice.

*
* *

Dans les contes dont nous faisions autrefois nos délices, et dont nos enfants sont trop sevrés aujourd'hui, on voit souvent une bonne fée qui apporte ses souhaits, — trois, en général, — sur les berceaux. Je voudrais qu'une d'elles, s'il en existe encore, prît mes vœux à son compte, et vînt les déposer sur le berceau de votre jeune Amicale, en les rendant efficaces. Ou plutôt, puisque l'Association est la fée moderne, celle dont nous pouvons tout attendre, je vous les livre, à vous, mes amis de la Nièvre, à vous aussi, instituteurs de l'Allier, du Cher et de l'Yonne, qui êtes venus rompre avec nous le pain de l'amitié ; il dépend de vous d'en assurer la réalisation. En tout cas, et quoi qu'il advienne, soyez heureux ; je serai heureux, moi, de votre bonheur.

II

ENSEIGNEMENT PRIMAIRE ÉLÉMENTAIRE ET SUPÉRIEUR

I. — Discours prononcé le 22 octobre 1899, à l'inauguration de l'école publique de filles de Decize (Nièvre).

MESDAMES,
MESSIEURS,

Nouveau venu dans votre département, j'ai accepté bien volontiers, dès qu'elle m'a été offerte, la présidence de la fête qui nous réunit aujourd'hui. J'avais hâte, en effet, de voir de près les énergiques et laborieuses populations au milieu desquelles je suis appelé à vivre; j'avais hâte surtout de connaître mes nouveaux collaborateurs, ces institutrices et ces instituteurs dévoués dont je dois diriger l'action.

Vous avez prié l'Inspecteur d'académie d'inaugurer votre nouvelle école de filles; c'est un ami qui accourt avec joie s'entretenir un instant avec vous.

Et de quoi pourrions-nous bien parler ensemble, sinon

de ce que nous avons, les uns et les autres, de plus cher, de vos enfants? Vous n'avez rien négligé pour leur donner une maison d'école spacieuse et confortable, et, dans les locaux que nous venons de parcourir, l'air et la lumière entrent à flots : c'est sain et c'est gai. Vous avez bien fait, Messieurs. Il n'y a pas lieu d'écouter ces esprits chagrins qui reprochent aux administrations républicaines de bâtir des palais pour la jeunesse. Des palais scolaires, je n'en ai vu nulle part en France. Mais, alors même que dans telle ou telle commune on aurait fait plus et mieux que le strict nécessaire, où donc serait le mal? Si avant que nous poussions le luxe, nous serons encore bien éloignés de nos voisins les Suisses, chez qui la maison d'école est toujours la plus belle de la commune, parce qu'ils la regardent, avec raison, comme le plus sûr appui de leur République. Dans un pays dont les institutions politiques ont le suffrage universel pour principe, on ne saurait trop honorer le lieu, j'allais dire le sanctuaire où se prépare l'avenir même de la démocratie.

Vous avez accompli votre devoir, Messieurs. A nous, maintenant, de faire le nôtre. Mais ce devoir, comment l'entendons-nous? Il fut un temps, vous vous en souvenez, où toute l'ambition de l'école était d'enseigner à ses élèves la lecture, l'écriture et le calcul. Puis, les programmes se sont enrichis. A ces premiers éléments du savoir, se sont joints successivement l'histoire, la géographie, le dessin, les travaux manuels, etc....., sans compter la science suprême qui doit régler les démarches de notre volonté, comme les précédentes règlent celles de notre intelligence, la morale, la science du devoir. Et, aujourd'hui, quand elles ont atteint leur douzième année, vos fillettes se présentent aux examens du certificat d'études avec un ensemble de connaissances qu'il vous aurait paru, dans votre enfance, impossible d'acquérir à l'école primaire. Mais, est-ce là, Messieurs, le but véritable de nos efforts? Croyons-nous notre tâche remplie quand nous avons versé dans ces jeunes esprits le plus grand nombre possible de vérités? Oh! non pas. Ce que nous voulons, nous aussi, ce ne sont pas des têtes bien pleines, mais des têtes bien faites. Ce que nous prisons, avant tout, c'est la culture du jugement, c'est le développement de la raison. Que vos fillettes ne fassent pas de fautes d'orthographe, j'en serai fort aise, encore que notre orthographe française soit singulièrement capricieuse et que l'ignorance de ses bizarreries ne m'offusque nullement. Mais, ce à quoi je tiens beaucoup plus qu'à la règle des participes, c'est au besoin de voir clair dans ses idées, c'est l'habitude de discerner, dans ce qu'on entend ou ce qu'on lit, la vérité de l'erreur. Nombreux sont les sophismes répandus dans l'air que nous respirons; puissants et dangereux sont les préjugés qui règnent autour de nous. Si vos jeunes filles, devenues femmes, ne se laissent pas séduire aux fausses apparences des choses, si, habituées par leurs maîtresses à ne donner leur assentiment qu'à cela seul qu'elles trouvent évidemment vrai, elles ne sont jamais dupes des mots, je leur pardonnerai volontiers de mettre un *s* où les grammairiens n'en veulent pas.

De même, Messieurs, peu m'importe que vos jeunes filles ne sachent pas avec une parfaite exactitude la liste des Mérovingiens, qu'elles se trompent sur la date d'une bataille ou sur la place d'une sous-préfecture. Ni leurs maîtresses, ni moi, ne nous arrêterons à ces misères-là.

Mais, nous tâcherons de leur donner le sens de l'histoire nationale, de leur faire comprendre ce qui en constitue l'unité et la grandeur. Nous leur dirons les efforts de nos pères pour grouper peu à peu sous un même gouvernement tous les territoires qui avaient fait partie de l'ancienne Gaule, depuis l'Océan jusqu'aux Alpes, et depuis les Pyrénées jusqu'au Rhin. Nous leur ferons aimer tous ceux qui ont collaboré à cette grande œuvre, quelque soit leur rang, quel que soit leur nom. Ne reniant rien de notre passé, assez indépendants et assez élevés pour entourer d'un même culte tous les serviteurs de la patrie, nous bénirons, avec elle, la mémoire de Jeanne d'Arc, de la bonne Lorraine qui a chassé l'Anglais de la France, et nous honorerons celle de Richelieu, qui nous a préservés de l'hégémonie autrichienne comme celle des grands Conventionnels, qui, pour la première fois, ont atteint le but et rendu à la France, pour trop peu de temps, hélas! les frontières mêmes que lui avait données la nature. — Elles comprendront, vos jeunes filles, le prix de l'égalité civile et de la liberté politique dont vous jouissez aujourd'hui en suivant, à travers les leçons émues de leurs maîtresses, le long et admirable mouvement qui est parti de l'organisation des Communes, au moyen âge, pour aboutir à la Révolution française. Elles sauront les luttes livrées par nos pères, le sang qu'ils ont répandu pour nous conquérir, avec le droit d'aller et de venir comme bon nous semble et de travailler au métier qui nous plaît, les plus précieuses des libertés, la liberté de conscience et le droit de n'obéir qu'à la loi. Elles sauront aussi combien la terre de France est belle entre toutes les terres, combien la nature et l'art se sont heureusement associés pour faire de notre pays le plus beau pays du monde. Et alors, dans leur cœur germera peu à peu un sentiment à la fois doux et puissant que j'appellerais volontiers, avec Michelet, la piété nationale. Aimant la patrie dans sa beauté et dans ses bienfaits, dans ses bonheurs et dans ses tristesses, dans ses triomphes et dans ses revers, elles seront résolues, comme vos fils et comme vous, à tout sacrifier pour elle. Vienne le jour du danger, que nos libertés soient menacées ou notre territoire envahi, et loin d'inspirer à ceux qu'elles aiment, frères, maris, fils ou fiancés, la lâcheté ou la peur, elles les enverront elles-mêmes, elles les exciteront au combat. En ces jeunes filles que vous nous confiez, Messieurs, nous préparerons de dignes épouses pour des citoyens et pour des Français.

Elles ne perdront, soyez-en sûrs, aucune de ces qualités délicates, qui ont fait, jusqu'à présent, le charme exquis de la femme française. Si nous voulons fortifier leur jugement et développer leur raison, nous voulons aussi qu'elles demeurent, comme leurs mères, des femmes d'intérieur, qu'elles soient un jour l'âme de leurs foyers. Et, pour cela, que faut-il? Il faut d'abord, n'est-il pas vrai, qu'elles aient le goût des travaux du ménage, qu'elles sachent entretenir et orner leurs maisons. La femme, comme nous la comprenons, vous et moi, raccommode les vêtements de son mari et confectionne elle-même ceux de ses enfants. Elle n'a pas besoin de recourir à la couturière pour se tailler une robe simple et seyante, ni à la modiste pour chiffonner un ruban ou se faire un chapeau. Son appartement, si humble soit-il, est toujours riant : tout y est propre et disposé avec ordre, et, à défaut de meubles précieux, elle sait y mettre des chansons et des fleurs. Sa cuisine n'est pas raffinée, mais elle est appétissante, car elle est toujours préparée avec soin, et elle est peu coûteuse, car rien n'est perdu. Ministre de l'intérieur actif et intelligent, elle assure la santé et le bien-être des siens. Messieurs, c'est précisément cette femme que doit devenir, à notre école, chacune de vos jeunes filles. Le temps de la scolarité est trop court pour qu'elles sortent de nos classes couturières émérites et modistes de génie, mais elles auront appris, auprès de nous, avec le maniement de l'aiguille, l'utilité et la noblesse du travail manuel. Nous ne sommes pas outillés, je le regrette, pour établir un cours de cuisine, mais jusqu'au jour où cela puisse se faire, et cela se fera, nous leur enseignerons, en les rattachant à leurs connaissances scientifiques, les principes d'hygiène qui président à l'alimentation de l'homme comme à la tenue de la maison. Initiées à l'art enfin, sous la double forme du dessin et du chant, — du chant que je veux entendre harmonieux et noble, dans toutes nos écoles primaires, — elles sauront répandre autour d'elles la grâce et la gaieté.

A notre époque, vous le savez, Messieurs, un fléau, plus mortel cent fois que la peste, menace d'une déchéance incurable notre race autrefois si robuste. L'alcoolisme fait dans nos villes et nos campagnes de terribles ravages. En Normandie, en Bretagne, dans les Vosges, le nombre des épileptiques, des aliénés, des rachitiques, augmente avec une rapidité effrayante, et, de toutes parts, médecins et penseurs se réunissent pour conjurer le mal. Certains espèrent que la science y suffira; ils croient que la seule description des funestes effets de l'alcoolisme aura la vertu d'arracher le buveur à l'alcool. Pour moi, Messieurs, tout en estimant qu'une mesure législative serait autrement efficace, je ne nie pas l'effet bienfaisant de la science, et je favorise de tout mon pouvoir la divulgation de ses lois, mais je crois que rien ni personne ne ramènera l'homme à son foyer si la femme ne s'en mêle pas. C'est d'elle, plus que de la science et du Parlement même, que j'attends le salut. Aux tentations malsaines du cabaret, je veux qu'elle oppose la séduction d'un intérieur aimable, où tout caresse délicieusement le regard, où tout récrée l'âme et la réconforte, et voilà pourquoi je dirigerai, dans le sens que je vous ai dit, l'éducation de vos jeunes filles : avec le ferme bon sens dont on faisait jadis la caractéristique de notre nation, avec le patriotisme éclairé qui nous préservera du retour du despotisme et de la domination de l'étranger, elles conserveront à notre race sa vitalité et son énergie. Comme les prêtresses antiques, et mieux encore, elles maintiendront toujours allumé et toujours actif le feu sacré de la patrie.

Se bornât-il là, leur rôle serait déjà très noble, et, si notre école les rendait capables de le jouer avantageusement, elle aurait, à coup sûr, bien mérité du pays. Mon ambition, toutefois, réclame davantage. Je voudrais que, dans notre société si divisée, vos jeunes filles fussent un jour, grâce à leur éducation morale, des agents de concorde et d'union. Je voudrais qu'elles fussent préparées à établir autour d'elles, cette paix dont nous avons un si pressant besoin, la paix des esprits et des cœurs.

Aujourd'hui, Messieurs, si deux hommes ne partagent pas les mêmes opinions, ils se jettent mutuellement l'anathème. Souvent ils n'ont étudié ni l'un ni l'autre la question qui les sépare, mais ils n'en sont pas moins intransigeants sur la réponse qu'ils ont adoptée. Souvent encore il s'agit des plus hauts problèmes qui puissent être agités par l'esprit de l'homme, de ceux que les plus grands penseurs ont abordés en tremblant et n'ont jamais entièrement résolus. N'importe! ils ont reçu, paraît-il, des lumières spéciales, et leurs certitudes n'admettent pas la discussion. Il faut penser comme eux ou être injurié. De même deux citoyens ont-ils, ou croient-ils avoir des intérêts contraires, il n'est rien qu'ils n'emploient pour se nuire réciproquement. Ils se calomnient, ils s'attaquent, ils se ruinent, persuadés sans doute que, dans ce combat pour la vie où nous sommes engagés dès la naissance, il faut vaincre son voisin ou être vaincu. Et ainsi la lutte des intérêts se joignant à la lutte des idées transforme peu à peu notre belle société en une arène, et ceux que la nation avait faits frères, en d'irréconciliables ennemis.

Certes l'école, l'humble école primaire, est bien peu puissante pour triompher d'un pareil mal, et je ne m'abuse pas à ce point d'exiger d'elle qu'elle nous en délivre sur l'heure et radicalement. Pourtant, Messieurs, j'espère beaucoup de son action. J'espère beaucoup, en particulier, de l'action de Mesdames les institutrices sur les jeunes filles confiées à leurs soins. Par leurs exemples, comme par leurs leçons, elles ne manqueront pas de leur enseigner la tolérance, ce respect de l'opinion d'autrui, qui est, aussi bien que le respect de la propriété ou de l'honneur, un devoir de stricte justice. Par la théorie et surtout par la pratique, elles leur feront sentir le lien qui unit tout homme à ses semblables, et les initieront au culte de la solidarité. Déjà, dans maintes écoles du département, fonctionnent, avec un plein succès, des sociétés de secours mutuels, et les enfants sont habitués par elles à penser à autrui en même temps qu'à eux-mêmes. Si, à Decize, une société semblable n'existe pas encore, il faut la créer au plus tôt, et si elle existe, elle doit se développer et fleurir. Déjà aussi, dans de nombreuses écoles de France, se sont formées des associations d'anciennes élèves qui s'assemblent le dimanche pour chanter et pour lire, pour jouer et se promener, pour conserver, en un mot, avec la direction morale de leurs maîtresses, la sainte amitié qui les unit. Je désire vivement qu'une de ces associations se fonde ici dès demain; si notre département ne les connaît pas encore, ou s'il en connaît trop peu, ce ne sera pas un mince mérite pour Decize et ses institutrices de présenter un modèle au département.

Grâce à cet enseignement, Messieurs, et grâce à ces institutions, une amélioration notable se produira certainement dans nos mœurs. Convaincues que tout membre de la Société doit aux autres la meilleure partie de ce qu'il est, de sa santé, de son intelligence, de sa moralité même et des biens dont il jouit, persuadées que le bonheur de chacun est lié au bonheur de tous, vos jeunes filles n'auront garde, plus tard, d'entretenir autour d'elles des sentiments haineux ou simplement égoïstes. Elles travailleront, au contraire, à supprimer nos discordes, à éteindre nos inimitiés. Habituées dès l'enfance au dévouement mutuel, à la piété sociale, elles feront régner, dans leur milieu, à la place de la haine, sur laquelle rien de grand ne se fonde, l'amour qui seul fait les grandes choses comme les grandes nations.

Je te salue donc, chère école, avec confiance et avec espoir. Tu seras attaquée peut-être, mais tu subiras ainsi la loi commune aux meilleures choses de ce monde, et l'esprit qui t'anime t'assure le triomphe définitif. Esprit de claire raison et de patriotisme éclairé, esprit conservateur et novateur à la fois, conservateur des traditions de la race et avide de progrès sociaux, esprit nettement républicain et ardemment français, c'est-à-dire vraiment national, il fera de toi, chère école, la maison bénie qu'entoureront de leur respect et de leur affection, tous les hommes de bon sens et de bonne volonté. Dans tes murs accourront, de plus en plus nombreuses, de joyeuses et charmantes écolières, attirées de tous les points de la ville par la supériorité de ton enseignement, par la haute valeur de ton éducation. Tu les abriteras doucement, tu les retiendras de longs jours, et puis, quand, ton œuvre terminée, tu les rendras à leurs familles, rayonnantes de grâce et de vertus, elles seront la joie et l'honneur de leurs parents, les guides et les soutiens de leurs époux, les génies pacificateurs, les génies tutélaires de cette ville et de ce pays.

II. — Discours prononcé, le 4 août 1901, à la distribution des prix aux élèves des écoles publiques de Varzy (Nièvre).

Mesdames,
Messieurs,

Déjà, l'an dernier, votre dévoué Maire m'avait prié de présider votre distribution de prix. Retenu ailleurs, je n'ai pu alors accepter son invitation, mais, vous le savez, il a la mémoire tenace, et, ce qu'il veut, il le veut bien. Aussi n'a-t-il pas manqué, cette année, de revenir à la charge, et je n'ai eu garde de me dérober une seconde fois. D'abord, c'eût été, je crois, peine perdue, et puis il ne me déplaisait pas, tant s'en faut, de vous donner un témoignage public de ma sympathie. Votre école de filles, pour laquelle vous avez consenti des sacrifices relativement considérables, réjouit les yeux par la manière dont tout y est aménagé; elle est saine et jolie, et, ce qui vaut mieux encore, c'est un atelier de travail fructueux : aux examens du brevet, comme aux concours d'admission aux écoles normales, les élèves de Varzy arrivent toujours nombreuses et en bon rang. Quant à votre école de garçons, vous avez cette bonne fortune que, servant d'école annexe à l'école normale, elle est, en quelque sorte, l'école-modèle du département. C'est là que, sous la direction de maîtres distingués, sont appliquées les meilleures méthodes, non seulement d'instruction, mais d'éducation intellectuelle et morale ; c'est là aussi que mes fonctions m'appellent le plus souvent et que, n'était la distance, je viendrais le plus volontiers. Je me devais donc à moi-même, autant qu'à votre Maire, de m'associer aujourd'hui à votre joie familiale. Tout ce qui touche à nos écoles normales me tient particulièrement au cœur, et l'Inspecteur d'Académie de la Nièvre est toujours un peu de Varzy.

Mes chers enfants, mes yeux ne sauraient voir ce qui se passe dans vos jeunes têtes, mais, à juger de vous par vos prédécesseurs, je suis sûr que vous rêvez de vous évader, au plus tôt, de votre pays. Ce beau et bon Nivernais n'a pas retenu vos aînés ; ils sont partis, lui préférant la grande ville où ils croyaient mener une vie plus heureuse, et je crains fort que, dès votre sortie de l'école, vous ne partiez comme eux. S'il en était ainsi, vous seriez dupes d'une illusion funeste : laissez-moi tâcher de vous prémunir contre elle. Un fonctionnaire nomade n'est guère qualifié, peut-être, pour prêcher la résidence, mais vous ne l'en écouterez pas moins, je l'espère, parce qu'il vous aime bien et ne désire rien tant que votre bonheur.

∴

Ce bonheur, mes enfants, en quoi peut-il consister ? Il tient, sans doute, à plusieurs conditions, mais une des premières, n'est-il pas vrai, — la première même, devrais-je dire, — c'est une bonne santé. En vain auriez-vous de grandes richesses, une maison ornée de meubles précieux, des jardins remplis de fleurs, un parc aux frais ombrages, une voiture moelleuse avec des chevaux superbes conduits par un cocher plus superbe encore, tout cela ne vous serait de rien si vous étiez malades ou simplement maladifs. Au contraire, ayez une santé robuste, et dussiez-vous travailler du matin au soir, vous aurez le contentement et la joie. Rappelez-vous la fable du Savetier et du Financier. Celui-ci était tout cousu d'or, mais il était souffrant, triste, et ne dormait pas; celui-là n'avait que son travail pour vivre, mais il chantait tout le jour et dormait toute la nuit; se portant bien, il était heureux. Restez au pays natal, mes enfants, et vous serez heureux comme lui. Ici, la santé vous vient de toutes parts. Elle descend de vos collines aux sommets boisés, aux flancs couverts de vignes, qui donnent un vin si loyalement délicat; elle monte de vos vallons toujours verts où, le long de clairs ruisseaux, pâturent, en toute saison, de gras troupeaux de bœufs blancs. La santé, je la vois même dans vos usines, en cela si différentes des autres. Tout à l'heure, traversant Guérigny, j'admirais ces coquettes maisons, aux murs couverts de chèvrefeuille ou de roses, qu'habitent, au milieu des jardins, les ouvriers des Forges. Pour être moins jolies, celles d'Imphy et de Fourchambault n'en sont pas moins confortables et saines; elles aussi sont baignées de lumière, entourées de verdure, et l'air des champs voisins y circule en abondance; l'ouvrier, à son retour de l'usine, doit s'y reposer, auprès des siens, délicieusement. Que ne puis-je vous montrer, en regard, la condition des ouvriers et des ouvrières de nos grandes villes, de ceux de Paris surtout! Dans les ateliers où ils travaillent, le soleil luit rarement, et l'air, chargé de miasmes impurs, ne se renouvelle pas; dans leurs logements, la place est parcimonieusement mesurée, et il n'y a rien qui les appelle et les retienne, rien qui les défende contre les séductions funestes de la rue et du cabaret. Aussi, tel jeune homme, telle jeune fille que vous avez pu connaître, partis de la Nièvre pour Paris, beaux et vigoureux, sont vite devenus pâles et débiles. Ce riche sang qui coulait dans leurs veines, mettant comme une fleur à leurs joues et un sourire sur leurs lèvres, s'est appauvri. Ils n'ont plus ni rires ni chansons. La maladie les guette; à quarante ans ils seront vieux. Leurs salaires, je le veux bien, sont plus élevés que ceux de la Nièvre, mais qu'importe si, avec la santé, ils ont perdu le bonheur? Oh! mes enfants, je redis de tout mon cœur à chacun de vous ce qu'un poète de vos compatriotes, soucieux, comme moi, de l'avenir de votre race, disait naguère au paysan Nivernais :

.... reste ici, reste l'auxiliaire
Des grands agents divins par qui l'homme est nourri.

Oui, mes enfants, restez ici.

∴

On me répondra, peut-être, sinon tout haut, du moins tout bas, que la vie à la campagne, ou à la petite ville, est monotone et languissante, que les distractions y sont nulles, qu'un jeune homme un peu cultivé ne saurait y développer son intelligence, et qu'il vaut mieux, après tout, vivre vite et pleinement que consumer son existence dans un tombeau. Je connais l'objection; elle est bien vieille, mais elle n'a jamais été moins justifiée. Vous vous plaignez, jeunes gens, que les distractions manquent à

Varzy? Imitez donc vos contemporains de Suisse et de Belgique, pour ne point parler de ceux d'Allemagne. Là, il n'est pas de petite ville, pas même de village, qui ne possède son orphéon et sa fanfare, ses sociétés de gymnastique et de tir, ses réunions d'excursionnistes ou de canotiers. Pendant les soirées d'hiver, on étudie ensemble, non pas des morceaux de musique plate et vulgaire, mais les chefs-d'œuvre de l'art, et, le dimanche venu, toute la population en jouit, communiant, pour ainsi dire, dans le culte du beau. A la belle saison, des groupes se forment qui explorent le pays environnant, prenant comme objectif, tantôt un site pittoresque, tantôt un monument historique ; d'autres organisent de joyeuses parties de jeux ou de canotage, et rien n'est agréable à l'œil comme ces équipes de rameurs, aux costumes multicolores, qui, sur la Meuse ou sur les lacs de Suisse, rivalisent de vitesse, et dont ma mémoire conservera longtemps le souvenir enchanté. Et quand, la journée finie, ces jeunes gens reviennent au foyer, faisant retentir la montagne ou la plaine de chants harmonieux, ils emportent avec eux, pour toute la semaine suivante, une provision de bonheur. Ils ont beau demeurer au village ; je vous assure bien qu'ils ne s'ennuient pas.

Vous, mes enfants, vous n'avez à votre portée ni lacs, ni fleuves, ni montagnes ; la Loire coule un peu loin d'ici, et vous ne faites qu'apercevoir à l'horizon le bleu foncé des monts du Morvan. Mais votre pays n'en est pas moins beau, et il vaut la peine d'être connu. Il est fertile en monuments du passé, et les choses du présent y sont pleines d'intérêt. Si rien n'y est grandiose, tout y est gracieux. Ne négligez donc pas, quand vous serez commis de magasin ou apprentis ouvriers, de le parcourir dans tous les sens, à vos heures de loisir. Grâce à la marche, le jeu de vos poumons sera plus libre et votre sang sera plus vif ; vos yeux se rempliront d'images charmantes et votre esprit s'égayera. Constituez une ou deux sociétés musicales, dont vous défendrez jalousement l'accès à la politique ; l'art n'est d'aucun parti, et, dans une société divisée, comme l'est en ce moment notre société française, on ne saurait trop multiplier les centres de ralliement. Ayez enfin des sociétés de gymnastique et de tir. On trouverait facilement, à Varzy, nombre d'anciens soldats qui se feraient un plaisir de vous exercer au maniement du fusil de guerre, et, avec la justesse du coup d'œil et le sang-froid, vous acquerriez à leur école, une partie des qualités qui font le bon soldat, c'est-à-dire le moyen de défendre victorieusement, comme les paysans de Jeanne d'Arc et les volontaires de 1792, le sol deux fois sacré de la petite patrie, le Nivernais, et de la grande patrie, la France.

∴

Vous le voyez, mes enfants, il ne vous manquera pas, si vous savez le prendre, le divertissement sain et honnête, celui qui, loin de déprimer nos forces, les développe, et nous rend plus dispos pour la besogne du lendemain. Elles ne vous manqueront pas non plus, ces ressources plus proprement intellectuelles qui assurent l'élévation morale — la seule élévation véritable — de l'ouvrier. Les maîtres zélés de notre école normale ont établi des cours d'adultes où, sans grand effort de votre part, vous pourrez puiser une science précieuse. Si vous êtes travailleurs du fer ou du bois, combien vous gagnerez à apprendre le dessin! D'abord vous saurez, — ce qu'ignorent la plupart de nos « compagnons », — exécuter une commande d'après un simple croquis de l'objet voulu, et ensuite, et surtout, vous mettrez dans votre œuvre, si humble qu'elle soit, un bon goût, une note d'art qui en doubleront la valeur. Vous nous donnerez encore de ces armoires, de ces bahuts, aux formes très simples, mais aux lignes harmonieuses, aux élégantes et solides ferrures, comme on en avait, jadis, dans nos campagnes. Sans copier servilement le passé, vous ferez aussi bien et mieux que lui. Si vous vous destinez aux travaux des champs, vous apprendrez ces notions de sciences physiques et naturelles qui, en vous expliquant les phénomènes de la vie de la terre, de la plante et de l'animal, vous permettront de les tourner à votre profit. On vous l'a dit, sans doute, et répété maintes fois : la culture des céréales, comme celle de la vigne ou des arbres, l'élève du bétail comme l'industrie laitière, ne peuvent, aujourd'hui, vous rémunérer de vos peines que s'ils sont scientifiques. Mais, la même condition qui rendra vos labeurs fructueux leur donnera aussi plus de prix à vos yeux. Comprenant la raison de tout ce que vous faites, vous vous sentirez seulement alors, comme le disait votre poète Nivernais, les nobles auxiliaires

> Des grands agents divins par qui l'homme est nourri.

Tous, d'ailleurs, ouvriers de la terre et ouvriers de l'atelier, employés de commerce et employés de bureau, vous apprendrez, dans nos cours d'adultes, ces choses désintéressées qu'on peut appeler les humanités du peuple, et qui, seules, font l'homme et le citoyen. On vous lira les plus belles pages de nos poètes et de nos prosateurs. Corneille vous enseignera l'héroïsme et Molière le bon sens; Voltaire vous fera chérir la tolérance et Michelet la patrie; avec Victor Hugo, vous goûterez tout ce qu'il y a de beau dans ce monde, la poésie de la famille et de l'humanité comme celle de l'infini. On vous dira aussi l'histoire de votre petite patrie, et, par son évolution, vous comprendrez mieux celle de la grande. Vous saurez ce qu'ont fait vos pères au moyen âge et à la Renaissance, pendant la Réforme et pendant la Révolution. Vous connaîtrez leurs monuments religieux et civils, les églises et les légendes où ils ont mis leurs croyances et leurs rêves, les industries qui leur ont procuré le pain quotidien et les chansons qui ont endormi leurs souffrances ou entretenu leur gaieté. On vous exposera enfin, avec leur mécanisme, l'esprit de nos institutions politiques. Vous vous rendrez compte du prix de la liberté, des qualités qu'elle exige, du dévouement qu'elle mérite; vous distinguerez la vraie et la fausse égalité, celle des droits qui est fondée sur la dignité de notre nature, et celle des biens qui est une chimère, comme celle des forces, des talents et des vertus. Vous apprendrez à être à la fois jaloux de votre indépendance et respectueux des autorités sociales légitimées par la raison; vous deviendrez des citoyens soucieux de leurs devoirs et de fiers républicains. Croyez-moi, mes enfants, vous trouverez là des jouissances infiniment supérieures aux jouissances matérielles que peut vous promettre la grande ville. Développer toutes les énergies de son esprit, élever son âme, penser, voilà, pour l'ouvrier comme pour tout homme venant en ce monde, le plus haut plaisir et la vraie grandeur.

∴

Bien entendu, mes petites amies, tout ce que je viens de dire à vos frères s'adresse à vous comme à eux. Vous aussi, quand vous ne serez plus écolières, vous devriez revenir de temps en temps à l'école pour vous retrouver ensemble et reprendre contact avec vos maîtresses. Vous aussi, vous pouvez et vous devez vous défendre contre l'ennui en mettant dans votre existence une fleur de poésie, une étincelle d'art. A votre âge, on aspire au plaisir et on a besoin de chanter. Mais, laissées à vous-mêmes, vous recueillez avec avidité la première chanson qui passe, une pauvreté musicale et littéraire bien souvent. Réunissez-vous donc pour étudier de ces beaux chants, aux mélodies puissantes ou suaves, qui exaltent tous les nobles sentiments de l'âme humaine et satisfont également l'oreille et le cœur. Réunissez-vous pour lire les poètes, pour dire leurs vers, pour interpréter même quelques pièces de théâtre. Il n'est pas de jouissances plus exquises. Une jeune fille désire naturellement être belle, et, dans son vêtement comme dans ses manières, comme dans toute sa vie, elle veut être gracieuse. Rien de plus légitime, à mon avis. Mais il faut rester simple et modeste, en harmonie avec sa condition sociale et son milieu. Revenez donc apprendre à l'école comment, sans copier les modes banales de la grande ville, vous pourrez faire de votre vêtement une parure peu coûteuse qui vous sera propre et vous exprimera. Faites mieux encore : revenez apprendre comment on soigne un malade, comment on secourt un blessé, comment on dirige un ménage avec économie et comment on entretient une maison avec élégance : exercez-vous à être bonnes, à être maternelles.

et, remplissant votre rôle ici-bas, vous vous donnerez à la fois le bonheur et un charme souverain.

∴

Ainsi, mes chers enfants, pour vous tous, filles et garçons, le bonheur, qui est fait de santé, de plaisirs purs et délicats, d'élévation intellectuelle et morale, le bonheur est ici. Demeurez donc, désormais, au foyer familial, près de vos parents qui vous enveloppent de soins si tendres et à qui vous devez tant d'amour; près de vos amis qui, après avoir partagé vos jeux et vos études d'écoliers, seront encore de moitié dans les joies et les travaux de votre jeunesse et de votre âge mûr. Ne vous écartez pas du vieux cimetière où dorment les aïeux, et où naissent avec les fleurs des tombes les pensées graves et les résolutions viriles; ne perdez pas de vue ces horizons nivernais où les aurores sont si rafraîchissantes à l'âme et les soirs si apaisants. Restez, je vous en conjure, restez groupés autour de ces écoles où vos intelligences se sont ouvertes à la lumière et qui ont tant de choses à vous enseigner encore. Dans la société de secours mutuels que vous avez constituée depuis un an, il y a le germe naturel de sociétés amicales d'anciens et d'anciennes élèves de Varzy, et ces amicales elles-mêmes, en vous accoutumant à l'action solidaire, vous prépareront aux groupement corporatifs, aux associations coopératives dont la création est, aujourd'hui, l'honneur de notre démocratie, et qui seront la grande puissance économique de demain. Ici est le bonheur ai-je dit? Laissez-moi ajouter, et c'est mon dernier mot, ici est l'avenir.

III. — Discours prononcé, le 15 août 1901, à l'inauguration du groupe scolaire de Crux-la-Ville (Nièvre).

Mesdames,
Messieurs,

Dans le programme de cette fête, la partie qui m'a été spécialement dévolue, c'est l'inauguration de votre groupe scolaire. Je l'ai acceptée sans trop me faire prier. Un inspecteur d'Académie est toujours heureux de saluer des citoyens éclairés et soucieux de leurs devoirs envers l'enfance, qui savent consentir des sacrifices pour l'instruction publique, et, s'il s'agit comme à Crux-la-Ville, d'une maison à la fois simple et élégante, où tout assure à nos élèves et à leurs maîtres une installation confortable et gaie, il est naturel qu'il vienne vous offrir de vive voix ses félicitations et ses remerciements. Mais vous m'en voudriez, j'en suis sûr, d'y insister. Le bien que vous avez fait à vos enfants vous indemnise amplement de vos dépenses, et la satisfaction de votre conscience vous est la plus précieuse des approbations. Je me contenterai donc de vous exposer l'œuvre que nous comptons accomplir, mes dévoués collaborateurs et moi, dans cette maison nouvelle. Elle est complexe, puisqu'elle s'adresse à vos filles comme à vos garçons; je crois toutefois la résumer avec exactitude en disant qu'elle consiste à préparer, pour le XXe siècle, de *bons Nivernais* et de *bons Français*.

*
* *

De bons Nivernais, certes, vous l'êtes tous, Mesdames et Messieurs, vous êtes attachés à ce beau pays qui vous a vu naître et grandir, à ce petit coin de terre où reposent vos aïeux et où, vous aussi, vous goûterez un jour l'éternel repos. Vous n'avez pas abandonné ce noble travail des champs qui fournit au genre humain sa nourriture, vous n'avez pas quitté la maison familiale où vous avez reçu, avec les caresses d'une mère, la première initiation au devoir. Mais, vous le savez, beaucoup de vos amis n'ont pas suivi votre exemple; les uns sont partis tout jeunes pour la grande ville où ils espéraient trouver un meilleur emploi de leurs facultés; les autres, après avoir accompli leurs années de service militaire, n'ont plus voulu reprendre la vie austère du village. Et, comme il en est de même dans la plupart des communes voisines, ce département de la Nièvre, qui pourrait être un des plus riches de France, va s'appauvrissant d'hommes chaque jour.

— La faute en est à l'école, vous diront, sans doute, de bonnes âmes. C'est elle qui inspire à vos enfants le mépris du travail de la terre, le dégoût des vieilles mœurs; c'est elle qui leur met au cœur des ambitions malsaines, et les ravit à votre tutelle et à votre amour. L'école, voilà l'ennemi! — Vous n'en croyez rien, vous qui venez de bâtir ce nouveau groupe scolaire, et vous avez bien raison. Non seulement l'école n'est pas responsable de la désertion de vos campagnes, mais elle fait tout ce qu'elle peut pour la combattre. Pourquoi donc, aux règles de calcul, qui composaient autrefois tout le programme scientifique de l'école primaire, avons-nous ajouté des notions de sciences physiques et naturelles ? A coup sûr, c'est pour appeler l'attention de nos écoliers sur les choses qui les entourent, pour leur révéler, avec la fixité et l'universalité des lois, l'absurdité des préjugés vulgaires, la grandeur merveilleuse et l'harmonie du monde. Mais, nous avons aussi un autre but. Quand nous enseignons la composition de l'air, de l'eau, du sol, quand nous montrons comment la plante et l'animal respirent, se nourrissent et croissent, nous cherchons à préparer dans chacun de vos enfants un bon agriculteur. Nous leur expliquons l'essentiel de leur futur métier, pour que, l'ayant bien compris, ils l'aiment mieux. — Et tous nos enseignements, Messieurs, sont orientés comme notre enseignement scientifique. Par le choix des sujets de rédaction, nous habituons les élèves à décrire, et, afin de décrire, à observer minutieusement, à étudier avec complaisance les phénomènes et les êtres de la campagne : c'est le berger et son chien, c'est le troupeau de bœufs blancs paissant dans la prairie, c'est la forêt qui couronne la colline, c'est le ruisseau qui coule entre les saules dans le vallon; ou encore, c'est la fenaison avec les longues voitures parfumées, c'est la moisson avec les belles gerbes d'épis d'or, la vendange avec les rires éclatants des vendangeurs, le travail des noix avec les veillées conteuses au coin du feu. Les livres que nous faisons lire, les morceaux de poésie, les chansons que nous faisons apprendre, tout nous sert à developper chez nos élèves le culte des champs et du foyer.

Il y a plus. Jusqu'à présent, malgré les progrès accomplis dans l'enseignement de l'histoire, une partie importante, l'histoire locale, était encore négligée. Assurément, on ne se contentait plus, comme autrefois, comme au temps où j'allais à l'école, de raconter la vie des rois, et Pharamond et Clodion avaient perdu de leur ancien prestige. Nos écoliers n'étudiaient plus par le menu, à la manière des stratégistes, les guerres de Louis XII ou de François Ier, et ils connaissaient mieux ce qu'a été le mouvement des Communes ou celui de la Renaissance. A l'histoire des rois et des batailles on avait substitué peu à peu celle du peuple et de la civilisation. Mais, que l'on fut au Nord ou au Midi, à l'Est ou à l'Ouest, c'était toujours le même enseignement, celui que donne le livre venu de Paris. Le petit Gascon ne savait rien de ce qu'avaient fait jadis les cadets de Gascogne, le petit Nivernais ignorait le glorieux passé de sa province. Nous avons pourvu, Messieurs, à ce qu'il n'en fût plus ainsi désormais. Vos enfants apprendront à l'école la vie de vos aïeux, leurs industries et leurs arts, leurs traditions et leurs coutumes, le nom et le rôle de leurs grands hommes. On ne leur parlera plus de l'ancienne Gaule sans leur dire ce que fut le mont Beuvray, et le nom de Vauban ne sera plus seulement pour eux, comme il l'était pour nous, celui d'un incomparable bâtisseur de forteresses; ils sauront que ce grand ingénieur fut aussi un des plus grands caractères qu'aient vu les temps modernes et ils conserveront pieusement sa mémoire, comme celle du plus illustre et du meilleur de leurs compatriotes. En un mot, par tous les moyens en leur pouvoir, vos écoles s'appliqueront à faire de chacun de vos enfants, non pas un être quelconque, détaché de son sol, sans lien avec le passé de sa race et de son milieu, mais un paysan fier de son métier et de son pays, un bon et solide Nivernais.

*
* *

En même temps, je vous l'ai promis, elles feront de chacun d'eux un bon Français. Un bon Français, qu'est-ce à dire ? Est-ce celui qui s'en va partout, exaltant indiscrètement sa patrie et rabaissant les nations voisines? Est-ce celui qui, obstinément fixé dans l'admiration de la vieille France, dénigre de parti pris ce qui a suivi la Révolution ? Est-ce encore celui qui exclut de la nationalité française tous les hommes qui n'épousent ni ses passions, ni ses croyances, ni même ses préjugés? Non, Messieurs, la qualité de Français ne s'achète pas à si bon compte, et elle n'admet pas cette étroitesse d'esprit. Pour la mériter, il faut d'abord être franc et loyal, et c'est précisément la première vertu dont nos écoles apprennent la pratique à leurs élèves. Il nous importe assez peu qu'ils soient espiègles et turbulents; nous ne leur en voulons pas beaucoup d'un peu d'inattention, voire même de paressse. L'essentiel, à nos yeux, est qu'ils ne mentent pas. Ce n'est pas avec des hypocrites et des Tartufes, c'est avec des hommes sincères, avec des hommes d'honneur qu'on fait des Français.

Il y faut aussi des hommes épris de justice. Or, où ce sentiment de la justice est-il mieux cultivé que dans nos écoles? Ici, pas de différence entre les riches et les pauvres, pas de faveurs ni de privilèges. La seule distinction admise, c'est celle des mérites, et, tout à l'heure, quand on distribuera les prix, les plus beaux n'iront pas aux plus fortunés, ils iront aux meilleurs. Vos enfants apprendront, de la sorte, à estimer les gens, non d'après ce qu'ils possèdent, mais d'après ce qu'ils valent, à être jaloux de leurs droits et respectueux de ceux des autres, à se montrer dignes et fiers comme il convient à de vrais fils des Gaulois.

Ils apprendront encore, sur nos bancs, une vertu bien française, qui est la fraternité. Ah! certes, ils ne seront pas sans se chamailler de temps à autre, et je ne saurais vous promettre qu'ils n'échangeront pas, en récréation, quelques bons coups de poing. Mais, qu'importe? Sans faire du coup de poing le lien social par excellence, et tout en prescrivant à M. l'Instituteur d'en interdire sévèment l'usage, je ne le crois pas au fond très dangereux. Ceux de mes petits camarades, avec qui je me suis le plus souvent battu, sont restés, à travers la vie, mes amis les plus fidèles. Il suffit que tous vos enfants, si différentes que soient d'ailleurs les opinions et les conditions de leurs familles, viennent recevoir ensemble le même pain de vérité, vibrer des mêmes émotions, participer aux mêmes jeux. Ainsi se forme une amitié que rien, ensuite, ne peut rompre. Les années passent, les cheveux blonds ou noirs blanchissent — ou disparaissent — mais les cœurs ne changent pas : accordés pour la vie, ils battent toujours à l'unisson.

Et notre éducation civique, Messieurs, complètera l'œuvre de notre éducation morale. Aimant la France d'un amour passionné, nous en donnerons le culte à nos enfants. Nous leur montrerons combien elle est belle et combien elle est grande. Nous leur dirons ses gloires dans le passé et dans les temps modernes, les hauts faits de Hoche et de Marceau comme ceux de Jeanne d'Arc, l'histoire de la Révolution comme celle de Sully et de Richelieu. Rien de ce qui nous honore ne leur demeurera étranger. Nous leur parlerons aussi de nos malheurs, de nos défaites. Le souvenir des revers n'unit pas moins, a-t-on dit justement, que celui des triomphes; car il provoque de communes espérances et impose de communs devoirs. Nous leur inspirerons donc ces nobles espérances, nous leur indiquerons ces devoirs, et ainsi formés, vos enfants ne feront qu'un, parce qu'ils auront tous une même volonté, celle de servir la France et de la rétablir dans son ancienne splendeur.

Mais leur amour de la patrie n'aura, vous le voyez, rien d'exclusif ni d'étroit. Ils ne déchireront aucune page de notre histoire, encore bien moins se permettront-ils de bouder la République. Comprenant que nos institutions actuelles sont conformes à la justice et à la raison, et qu'elles sont le résultat nécessaire de tout notre passé, ils se garderont de jouer le rôle absurde et impie d'émigrés à l'intérieur. Au lieu de poursuivre le rêve chimérique de restaurer les régimes à jamais déchus, ils se constitueront les défenseurs de la liberté si laborieusement conquise. Au lieu de perpétuer des divisions funestes, ils se rallieront tous autour d'un seul et même drapeau. Ces bons Français du xxe siècle seront, Messieurs, de bons républicains.

Continuez donc, mes chers collaborateurs, continuez votre noble tâche sur votre nouveau champ d'action. Les leçons que vous faites, les exemples et l'éducation morale que vous donnez auront, dans l'avenir, pour la petite et pour la grande patrie, de précieux résultats. Vous répandez une excellente semence, et il règne autour de vous une douce et vivifiante atmosphère, faite de la sympathie des familles et de l'estime affectueuse de vos chefs,

Courage et confiance! La moisson qui va grandir sera, je le prévois, belle et abondante, et récompensera largement de toutes leurs fatigues les laborieux moissonneurs.

IV. — Discours prononcé, le 14 Octobre 1894, à l'inauguration de l'école primaire supérieure d'Aiguillon (Lot-et-Garonne).

Mesdames,
Messieurs,

Le programme d'éducation populaire qui vient de vous être exposé, et dont une bonne partie est déjà remplie, est un programme vraiment digne d'une municipalité républicaine. Dans une société où le pouvoir est aux mains de tous, il faut que tous soient éclairés; et si, comme l'a dit Montesquieu, le ressort du gouvernement démocratique est la vertu, il faut que les citoyens soient, dès l'enfance, entourés d'institutions qui éveillent et fortifient en eux, avec le sentiment de leur dignité personnelle, l'amour du bien public. C'est là, Monsieur le Maire, ce que vous avez parfaitement compris. Vous n'avez pas voulu vous contenter de l'école primaire qui donne à ses élèves un commencement de culture, une première façon, mais dont l'action bienfaisante se perdait trop souvent dans le long intervalle qui sépare l'école de la caserne. Vous avez voulu combler cet intervalle et ménager à l'enfant les moyens d'arriver à l'âge d'homme muni de toutes les armes nécessaires pour le combat de la vie. Il était impossible d'avoir une plus généreuse pensée, un plus noble but. Aussi, je suis sûr d'être le fidèle interprète de M. le Ministre de l'Instruction publique, en vous adressant, en son nom, à vous et à vos collaborateurs du Conseil municipal, les félicitations les plus cordiales et les plus chaleureux remerciements.

L'institution que nous inaugurons aujourd'hui, Messieurs, sera certainement, de toutes celles qui sont annoncées, la plus féconde en heureux résultats. Mieux que toute autre, cette école supérieure répondait aux besoins de notre démocratie et de notre région.

Quelle est, en effet, la première nécessité d'un département comme le vôtre? C'est, à coup sûr, d'avoir, dans toutes les communes, un groupe d'agriculteurs et de viticulteurs instruits, sachant tirer de votre sol toutes les richesses qu'il contient. Déjà, presque de lui-même, ce sol vous donne de superbes récoltes. Je ne sais guère de plus beau spectacle que celui de la plaine du Lot, au mois d'avril, quand ses pruniers en fleurs étalent sur d'immenses espaces « la neige odorante du printemps ». Vos chasselas du Port-Sainte-Marie, avec leurs grains dorés, si doux à l'œil, si veloutés, si fondants au palais, sont un régal exquis dont les Anglais, me dit-on, sont friands et qu'ils paient bien. Vos petits pois sont délicieux, et, pendant toute la saison, on en voit, chaque jour, partir de nombreux wagons pour Bordeaux. Il n'est pas jusqu'à vos oignons, — descendants sans doute des fameux oignons d'Egypte, — qui ne soient ardemment recherchés de nos voisins, car ils n'en ont pas de pareils en Angleterre. En vérité, et sans être trop Gascons, ce n'est pas la Touraine, c'est le Lot-et-Garonne que nous pouvons appeler *le jardin de la France*.

Malheureusement ce jardin n'est pas, dans toutes ses parties, convenablement cultivé. A côté de domaines où se pressent en juillet, des épis drus et lourds, vous en trouvez d'autres dont le rendement à l'hectare n'est pas la moitié, le tiers de ce qu'il devrait être. A côté de vignes florissantes, aux ceps garnis de feuilles vertes et chargés de grappes, il en est un trop grand nombre à demi-stériles dont l'air maladif fait peine à voir. Aussi maint propriétaire rural vit aujourd'hui dans la gène sur le même patrimoine qui jadis subvenait largement aux besoins d'une nombreuse famille, et beaucoup de jeunes gens désertent vos campagnes, disant que la terre ne nourrit plus son homme et qu'ils sont obligés, malgré eux, de chercher fortune ailleurs. C'est que, Messieurs, il en est de l'agriculture comme de toute autre chose ; elle s'est, à notre époque, complètement transformée, et ceux qui, au lieu de suivre le progrès, s'en tiennent à la routine, succombent à la tâche. Ici, comme partout, l'agriculture sera scientifique ou elle ne sera pas. — Voilà pourquoi, dans cette maison, nous avons réservé une large place à l'enseignement agricole. Oh! nous ne voulons pas faire de notre école supérieure une école d'agriculture ; nous prétendons encore moins remplacer les leçons pratiques que le père donne à son fils sur le terrain. Ce que nous voulons, c'est rendre nos élèves capables de comprendre et d'appliquer avec fruit les nouvelles méthodes. Et ce but plus modeste, nous sommes assurés de l'atteindre. La physique, la chimie, l'histoire naturelle, toutes les matières de notre enseignement seront nettement orientées vers les choses de l'agriculture, et, grâce au beau champ que la Ville a mis à notre disposition, nous pourrons faire de nombreuses et intéressantes expériences. La pratique sera ainsi, dans la mesure convenable, alliée à la théorie ; la science pénétrera dans l'esprit de nos élèves par la vue en même temps que par l'ouïe, et, s'ils ne sortent pas de nos mains bons agriculteurs, ils seront, du moins, et c'est l'essentiel, aptes à le devenir. Retournés dans leurs familles, ils feront fructifier le champ paternel, ils corrigeront ce qui, dans les procédés traditionnels, leur aura été prouvé défectueux, ils seront les conseillers de leurs voisins et de leurs amis. Peut-être n'acquerront-ils pas de grandes fortunes, mais ils auront l'aisance et la considération que donne le travail intelligent; ils seront heureux. A leur exemple, les jeunes gens resteront au village, et nous verrons alors, j'aime à l'espérer, nous verrons ces belles campagnes, qu'arrosent le Lot et la Garonne, se couvrir, comme autrefois, d'une population florissante, et, comme autrefois, donner au pays de nombreux et vigoureux défenseurs. Je vous le demande, Messieurs, si notre école supérieure ne produisait que ce résultat, n'aurait-elle pas déjà droit à toute votre sympathie, à tout votre appui ?

Sans être aussi industrielle qu'elle est agricole, notre région renferme cependant un nombre assez considérable de fabriques et d'usines. Or, de l'industrie plus encore que de l'agriculture, on peut dire avec raison qu'elle est la servante ou mieux la fille de la science. Suivez deux jeunes gens qui entrent dans un atelier, dans une usine, l'un ne possédant qu'une instruction rudimentaire, l'autre connaissant le dessin, la géométrie, la mécanique, ayant, en un mot, l'esprit cultivé. Bientôt, le premier sera distancé par le second. Au premier, le long apprentissage, les besognes machinales, les minimes salaires; au second, la rétribution presque immédiate et les tâches intéressantes auxquelles l'esprit participe avec la main.

Le premier sera toujours un ouvrier subalterne; le second sera un contremaître, sinon un directeur. Eh bien, un des principaux objets de notre école sera précisément de préparer, pour les usines et les fabriques du pays, des contremaîtres intelligents. — Nous avons même une ambition plus haute. Comme beaucoup de familles sont légitimement tentées par les positions lucratives que trouvent d'ordinaire les élèves sortis des Écoles d'Arts-et-Métiers, nous avons institué une préparation spéciale à ces écoles. Dès l'année prochaine, nous présenterons des élèves au concours et nous espérons bien leur succès. Pourquoi, en effet, ne réussiraient-ils pas? Où trouveraient-ils, avec des maîtres techniques plus dévoués et plus experts, un outillage plus complet? Deux magnifiques salles que vous parcourrez tout à l'heure ont été consacrées aux ateliers, et munies de tous les appareils qu'exige le travail élémentaire du fer et du bois. Dans aucune école similaire je n'ai vu une installation aussi confortable. — Et là, Messieurs, viendront s'exercer tous nos élèves, quelle que soit la carrière à laquelle ils se destinent. En même temps que le futur élève d'Aix ou d'Angers se préparera à ses examens, le futur agriculteur apprendra à se passer, dans bien des cas, du menuisier et du forgeron. Du moins, il connaîtra suffisamment de leurs métiers pour surveiller et diriger les travaux qu'un jour il leur demandera. Il n'est pas jusqu'aux candidats aux fonctions civiles qui n'auront intérêt et profit à suivre les exercices manuels. « Dans toutes les conditions de la vie, a dit fort « justement J.-J.-Rousseau, savoir se servir de ses doigts « est une supériorité. » Et, conformément à ce principe, il faisait de son Émile un menuisier, et, pendant la fin du

XVIIIe siècle, tous les hommes dont l'éducation a été inspirée par ses doctrines ont appris un art mécanique. Depuis, cette coutume a été délaissée; mais, aujourd'hui plus que jamais, il importe d'y revenir. La société française a besoin que tous ses membres, au lieu de se jalouser réciproquement, s'aiment et s'unissent dans une étroite solidarité. Travailleurs de la pensée et travailleurs manuels, vous êtes tous frères, et tous vous collaborez à la même œuvre; également nécessaires les uns aux autres, vous êtes les artisans de la fortune et de la grandeur de la Patrie. Apprenez donc à vous connaître, dès les bancs de l'école, en partageant les mêmes exercices; vous comprendrez que le travail des bras n'est pas une déchéance, et que le travail de l'esprit n'est pas, comme on l'a cru trop souvent, une forme adoucie de l'oisiveté. Vous sentirez que tous deux ont leur noblesse, et alors, devenus hommes, vous marcherez, la main dans la main, à la conquête de l'avenir.

Cet avenir, Messieurs, nous comptons l'assurer en développant le plus harmonieusement possible toutes les facultés de nos élèves. Ils ne seront pas seulement des agriculteurs ou des industriels; ils seront surtout et avant tout des hommes et des citoyens. Leur jugement sera droit et sûr, car, en leur enseignant les sciences, soit mathématiques, soit physiques et naturelles, nous aurons plus souci d'assouplir et de fortifier leur intelligence que de remplir leur mémoire. Ils auront, suivant le mot de Montaigne, la tête plutôt bien faite que bien pleine. Ayant fait de notre histoire et particulièrement de l'histoire contemporaine une étude approfondie, ils seront mis en garde contre cette infatuation de nous-mêmes qui nous a coûté si cher. Ils sauront que, dans la vie des peuples comme dans celle des individus, toute faute se paie, et qu'une nation qui aliène sa liberté aux mains d'un homme s'expose aux pires désastres. Ils sauront aussi que les nations sont guérissables et que celles-là mêmes qu'on croyait perdues peuvent se relever si elles prennent conscience de leurs fautes et les corrigent. Alors, également éloignés de toute témérité et de toute faiblesse, fermement résolus à garder intact le patrimoine de nos libertés, ils attendront de cette justice immanente de l'histoire dont nous a parlé Gambetta les réparations qui ne manquent jamais. — La géographie leur montrera le rôle de leur pays au milieu des autres nations. Ils apprendront d'elle à tourner leurs regards non pas seulement vers l'Europe, mais vers toutes les parties du monde où nos intérêts sont en jeu. Ils suivront avec une attention sympathique ces vaillants explorateurs qui, sur le Niger, sur le Congo, et jusque sur les bords du Tchad vont planter le drapeau de la France et procurer à notre commerce d'immenses débouchés. Peut-être même, attiré par le mystère de ce continent noir où se sont déjà déroulées tant de chevaleresques épopées, peut-être quelqu'un d'entre eux ira-t-il renouveler un jour les fructueux exploits des Binger, des Monteil et des Brazza. Le sang gascon qui coule dans leurs veines, c'est le sang de hardis chercheurs d'aventures, et je ne pense pas, Messieurs, qu'il soit refroidi.

Je ne pense pas non plus que, fils de ce Midi où le culte désintéressé de l'art est une tradition nationale, nos élèves doivent demeurer étrangers à notre belle littérature. Nous voulons qu'ils apprennent ici à goûter nos grands écrivains, poètes, orateurs et philosophes.

Les uns leur diront les secrets de l'âme humaine, les autres les beautés de la nature; tous porteront haut leurs pensées. Car nous voulons que leur existence, si humble qu'elle puisse être, soit éclairée d'un rayon d'idéal, et comme parfumée de poésie. Ce ne serait pas la peine, vraiment, que le peuple fût devenu souverain, s'il devait toujours rester courbé sous le poids des fatalités matérielles. Il faut que, à son tour, il connaisse les joies pures que donne la contemplation du Beau et soit ainsi conduit, par une pente naturelle, à l'amour et à la pratique du Bien.

Le Bien, telle est, en effet, Messieurs, la raison suprême de nos efforts, comme il est la raison dernière du monde. Notre plus chère ambition est de faire de chacun de nos élèves un parfait honnête homme, et la culture de l'intelligence n'est pour nous qu'un moyen d'assurer la noblesse du caractère et du cœur. On a représenté la démocratie comme nécessairement vouée à la bassesse des sentiments, à l'envie, à l'égoïsme. On a dit que les générations nouvelles avaient perdu la notion du respect, et que toute leur activité se consumait à la recherche de grossiers plaisirs. On a dit tout cela, Messieurs, et, malgré les faits nombreux que l'on allègue, je ne suis pas convaincu. N'y a-t-il pas, en effet, des preuves non moins nombreuses du contraire ? Quand donc a-t-on vu plus de tendresse pour les humbles et pour les malheureux ? Quand s'est-il formé plus de sociétés pour aider ceux qui travaillent et relever ceux qui tombent ? Quand les hommes se sont-ils plus étroitement unis pour combattre l'ignorance, l'injustice et la misère ? Non, jamais il n'y a eu tant de pitié, de bonté, de fraternité répandues dans le monde. Aussi, quoi que puissent avancer les pessimistes, j'ai confiance. Je crois que nos élèves, sous la double influence des exemples paternels et de nos leçons, deviendront des hommes d'honneur et de dévouement. Habitués au travail, ils chercheront leur bonheur dans une vie digne, utile et vraiment humaine. Respectueux de toute autorité fondée sur le mérite, ils comprendront que, dans une démocratie, l'on s'honore soi-même en honorant le pouvoir. Reconnaissants des bienfaits dont les a comblés la Patrie, ils envelopperont d'un même amour et serviront de tout leur cœur, en paix comme en guerre, la France et la République.

Vous connaissez, Messieurs, l'homme que nous avons chargé de présider à cette œuvre d'éducation, et le grand nombre d'enfants qui nous entourent dit son éloge mieux que je ne saurais le faire. Par son savoir, par son zèle, et surtout par la dignité de son caractère, M. Bazin a conquis, dans cette ville et dans cette région, l'estime et la sympathie de tous. Il n'est pas un père de famille qui ne soit heureux de lui confier son fils, et les mamans les plus tendres viennent ici sans crainte, car elles savent bien que le Directeur, qui doit maintenir avec fermeté la discipline, a une compagne d'un cœur excellent qui, étant mère elle-même, connaît les enfants et les aime. Aussi, l'École supérieure est à peine ouverte, que déjà elle compte 60 élèves dont 20 pensionnaires. Et leur nombre, nous en sommes certain, ne fera qu'augmenter. Pourvue de professeurs d'élite, elle saura bientôt se signaler à l'attention publique par ses succès, et votre appui ne lui fera pas défaut, Messieurs, puisque, tous, vous travaillez avec ardeur au relèvement national par l'instruction et l'éducation de la démocratie.

III

ŒUVRES POST-SCOLAIRES

I. — Discours prononcé, le 5 novembre 1895, à la Société agenaise d'éducation populaire.

Messieurs,

Si j'ai pris la liberté de vous convier à cette réunion, ce n'est pas pour vous entretenir de choses purement scolaires, c'est pour traiter avec vous une des questions les plus importantes qui puissent aujourd'hui arrêter votre esprit. Il ne s'agit, en effet, de rien moins que des conditions d'existence d'un régime démocratique. Dans un pays de suffrage universel, il a fallu établir l'instruction universelle, l'éducation universelle, et, comme l'école primaire ne suffit pas et ne saurait suffire à donner cette instruction et cette éducation, je viens vous proposer de la prolonger, de la compléter par l'institution de Cours d'Adultes et d'un Cercle de la Jeunesse. Je viens, non pas en fonctionnaire, mais en citoyen d'un pays libre, engager tous ceux qui parmi vous s'intéressent à l'avenir de la démocratie à m'aider dans une œuvre dont le caractère est essentiellement humain et français.

Le ressort du gouvernement démocratique, ce sans quoi il ne peut durer, c'est, vous le savez, Messieurs, le dévouement de chaque citoyen à l'intérêt de tous, ce que Montesquieu appelait, d'un seul mot, la vertu. Mais, quel est, dans une circonstance donnée de la vie d'un peuple, l'intérêt général? C'est ce qu'il n'est pas toujours facile de déterminer. L'intérêt général réclame-t-il la protection des industries nationales ou le libre-échange, l'impôt proportionnel ou l'impôt progressif, le scrutin d'arrondissement ou le scrutin de liste? Veut-il que les capitaux et les instruments de production restent entre les mains des individus ou qu'ils deviennent la propriété de l'État? L'intérêt général, enfin, impose-t-il à une nation comme la nôtre l'expansion coloniale ou lui commande-t-il la concentration devant l'ennemi? Voilà, Messieurs, autant de problèmes, — et il en est bien d'autres, — que les citoyens doivent résoudre, aux jours d'élections, quand ils choisissent, d'après son programme, tel ou tel candidat pour les représenter. Problèmes difficiles, à coup sûr, et dont les éléments seuls exigent, pour être compris, une intelligence cultivée. Il semble qu'on ne devrait pas les aborder sans connaître à fond l'organisation politique du pays, son régime économique, son histoire, ses relations avec tous les peuples du monde. Et cependant, que de braves gens les résolvent, sans préparation aucune, en un quart-d'heure! Combien tranchent avec désinvolture des difficultés qui arrêtent de profonds penseurs! Combien manquent de sens politique! — C'est un danger social, Messieurs, et la société se doit à elle-même de donner à tous les futurs citoyens ce *sens politique* qui est le discernement exact des intérêts généraux de la nation.

Elle se doit plus encore. Il ne suffit pas de connaître son devoir pour le faire ; il ne suffit pas, non plus, de connaître l'intérêt général pour lui sacrifier, en cas de conflit, l'intérêt particulier. Celui-ci nous est naturellement cher, et nous n'arrivons pas à lui préférer celui-là sans une éducation appropriée, sans une sorte d'entraînement. La société doit donc exercer le futur citoyen à vivre pour autrui. Il faut l'habituer d'abord à s'aimer dans sa famille, à mettre son bonheur dans le bonheur des siens. Puis, il faut lui faire comprendre et sentir que la Patrie n'est que la famille agrandie. Ses parents ont élevé son enfance et lui ont prodigué les soins les plus tendres ; ils lui ont donné, avec le fruit de leurs travaux, l'honneur d'un nom sans tache, et voilà pourquoi il les aime, pourquoi il est prêt à se dévouer pour eux. Or, la Patrie lui a donné davantage. Ses biens, son intelligence, sa liberté, tout ce qu'il a, tout ce qu'il est, il le doit à la Patrie, à ses concitoyens d'autrefois et à ceux d'aujourd'hui. Qu'il se pénètre de cette idée, et, si jamais la liberté est menacée, sachant ce qu'elle a coûté de sang et d'efforts de toute sorte, il se lèvera pour la défendre. Que le sentiment de sa dette envers la Patrie soit nourri dans son cœur, et, non seulement il saura faire gaiement son métier de soldat, mais, si l'intérêt de la nation l'exige, il saura, l'œil fixé sur le drapeau, mourir en souriant. En un mot, Messieurs, chaque homme doit prendre une conscience si claire et si vive du lien qui l'unit à ses concitoyens, qu'il ressente comme siennes toutes leurs joies et toutes leurs douleurs. La société, et particulièrement la société démocratique, doit s'efforcer de substituer, dans toutes les âmes, aux instincts égoïstes, le sentiment supérieur de la *Solidarité*.

*
* *

Les hommes qui ont fait la France moderne n'ont pas méconnu cette double condition du régime nouveau. Après la conquête du pouvoir, leur premier soin a été d'organiser un système d'éducation qui pût éveiller et développer chez tous les citoyens le sens politique et le sentiment de la solidarité. Grâce à eux, l'école primaire s'est transformée. Autrefois, il m'en souvient, on n'apprenait guère sur ses bancs que la lecture, l'écriture et le calcul. Nous étions de remarquables calligraphes ; l'anglaise, la ronde et la bâtarde n'avaient pour nous aucun secret ; mais, du milieu où nous vivions, nous ne connaissions absolument rien. On avait mis entre nos mains une petite histoire de France, et nous savions par cœur ce qu'elle nous racontait de Pharamond et de Clodion le Chevelu ; mais, fussions-nous restés à l'école jusqu'à l'âge de quatorze ans, nous ne serions jamais arrivés à la Révolution française. Nous récitions avec une assurance imperturbable des kyrielles de noms géographiques; montagnes et fleuves, golfes et caps, îles et presqu'îles, nous savions tout, hormis ce qu'il eût fallu savoir, car nous avions appris des mots et non des choses. Jamais notre attention n'était appelée sur les phénomènes qui se produisaient autour de nous, jamais nous n'étions invités à observer, à juger, à raisonner par nous-mêmes. On emplissait notre mémoire, on ne se souciait pas de former notre jugement.

Voilà, Messieurs, l'école primaire telle que je l'ai connue enfant, et beaucoup d'entre vous, sans doute, en ont conservé les mêmes souvenirs. Depuis, les choses ont bien changé. Je me rappellerai toujours le sentiment de vive et agréable surprise que j'éprouvai lors de ma première tournée d'inspection. J'entendais de jeunes élèves de onze ans exposer à leur manière, mais en fort bons termes, l'œuvre des grandes assemblées de la Révolution, la conquête de l'Algérie, les productions naturelles ou artificielles de telle ou telle partie de la France. D'autres expliquaient la vie de la plante et celle de l'homme, et refaisaient l'histoire d'une bouchée de pain. Ceux-ci analysaient notre constitution politique, ceux-là décrivaient le rôle de chacun des organes de notre administration civile ou judiciaire. Comparant, en moi-même, ce que savaient ces enfants à ce que je savais à leur âge, j'étais émerveillé. — Et ce qui me frappait peut-être plus que ce savoir si précoce et si étendu, c'était la méthode que suivaient les maîtres, c'était aussi, c'était surtout l'esprit qui animait leur enseignement. Je voyais des hommes préoccupés d'exercer les intelligences autant que de les meubler. Leçons de français ou leçons de sciences, leçons d'histoire ou leçons de morale, tout leur était bon pour provoquer les réflexions de leurs élèves, pour habituer ceux-ci à observer et à juger. La classe n'était plus la monotone dictée ou la récitation fastidieuse d'un livre, mais l'entretien vivant d'une intelligence formée et d'intelligences naissantes qui se développaient librement sous l'influence de la première. L'élève n'était plus réduit à l'audition passive du maître, il collaborait à la classe avec lui. Lisait-on le récit d'une belle action, d'un acte de dévouement ou d'héroïsme, on se gardait bien de le laisser passer comme un texte ordinaire. Maîtres et élèves le commentaient ensemble, et ensemble dégageaient de la lecture l'instruction morale qu'elle pouvait contenir. Les yeux brillaient quand on parlait de Jeanne d'Arc « boutant les Anglais hors de France » ; ou lorsqu'on disait la grande épopée des volontaires de 1792. J'en ai vu se mouiller au récit de la guerre de 1870. Et quel que fût l'exercice de la classe, depuis l'entretien qui la commence jusqu'au chant qui la termine, il m'apparaissait clairement que l'objet principal du maître était de former, avec des intelligences droites, des cœurs généreux, épris de tout ce qui est beau et bien, dévoués à la famille, à la Patrie, à l'Humanité. — Ah ! Messieurs, on a beaucoup médit, dans ces derniers temps, de notre école primaire ; on a prétendu qu'elle n'avait pas tenu ses promesses, qu'elle avait trompé les espérances de ses fondateurs. Certes, je suis un peu gêné pour la défendre, et l'on est en droit de suspecter mon impartialité. Mais je voudrais qu'un adversaire de bonne foi pût m'accompagner dans mes tournées d'inspection, qu'il pût voir tout ce que j'ai vu, entendre tout ce que j'ai entendu. Ses préjugés tomberaient, j'en suis sûr, ses antipathies seraient vaincues, et il reconnaîtrait que nulle part il ne se dépense autant et d'aussi fructueux efforts que dans nos écoles pour faire de nos enfants de France des hommes et des citoyens. Non, Messieurs, j'en appelle à tous ceux qui la voient à l'œuvre, l'école républicaine n'a pas fait faillite ; comme la science et la raison, de qui elle procède, elle accomplit noblement sa tâche, sans souci des injures, confiante dans les réparations de l'avenir.

⁂

Mais, — nous sommes les premiers à en faire l'aveu, — l'école actuelle ne suffit pas, parce qu'elle est sans lendemain. A l'âge de douze, et même de onze ans, la plupart des enfants nous quittent et nous ne les revoyons plus. Que deviennent alors les connaissances acquises et les habitudes morales contractées à l'école primaire? Certains les conservent, sans doute, pour leur profit personnel et l'honneur de ceux qui les ont élevés. Ils viennent, chaque dimanche, demander aux bibliothèques populaires des livres à la fois instructifs et amusants qui entretiennent leur intelligence dans une constante activité et occupent sainement leurs loisirs. Mais, comptez-les, Messieurs, comptez les jeunes gens qui, dans Agen, par exemple, profitent des secours intellectuels si généreusement mis à leur disposition. Le nombre en est bien restreint. Les autres n'étudient plus, ne lisent plus, ou, s'ils prennent encore quelques feuilles ou quelques livres, c'est pour lire des pages où le bon sens et la morale sont également outragés. Alors, leur intelligence s'obscurcit, leur force morale s'affaiblit, et l'œuvre de l'école primaire est en grande partie compromise, sinon perdue.

Qui pourrait s'en étonner? A douze ans, tout est commencé dans l'enfant, mais rien n'est achevé. Il a appris à discerner le vrai du faux, le bien du mal; il a reçu des principes qui doivent être la règle de ses jugements et de ses mœurs, il a conçu, pour sa conduite future, de nobles projets. Mais, si l'enseignement du monde contredit l'enseignement de l'école, si, après que son instituteur lui a parlé de dignité morale et de dévouement, tout lui prêche l'abandon aux instincts inférieurs et l'égoïsme, que voulez-vous qu'il fasse? Il suivra, c'est à craindre, la voie la plus facile, celle que suit la foule, et vers laquelle il est naturellement entraîné. Pour qu'il puisse résister, il faut qu'il soit soutenu, encouragé. Il faut que certaines personnes, autour de lui, combattent les mauvaises influences qui le menacent, et, continuant l'œuvre de l'instituteur, lui inspirent le souci permanent de sa culture personnelle. Il faut, en un mot, que le jeune homme, au sortir de l'école, trouve un milieu moral où puissent germer les bonnes semences déposées dans son esprit et dans son cœur, et c'est ce milieu moral, Messieurs, que je viens vous proposer d'établir.

*
* *

Et d'abord, nous organiserons, pour le soir, des cours et des conférences. Tous ceux qui, dans Agen, s'occupent de l'enseignement public nous ont librement promis leur collaboration, et, grâce à la diversité des compétences, nous pourrons satisfaire à tous les besoins. Aux jeunes gens qui, ne possédant pas le certificat d'études primaires, réclament un complément d'instruction générale, Messieurs les instituteurs de la ville donneront des leçons de français et d'arithmétique. On ne les fera pas languir sur les chinoiseries de l'orthographe, ni sur des problèmes purement imaginaires, mais on leur apprendra à tourner une lettre d'affaires, à résoudre un problème de la vie courante. A ceux qui, possédant le certificat d'études primaires, désirent une instruction spéciale, et, pour ainsi dire, professionnelle, Messieurs les professeurs de l'école de commerce et d'industrie enseigneront la comptabilité, la géographie commerciale, le dessin industriel et la géométrie appliquée. Aux uns et aux autres, Messieurs les professeurs du lycée feront des conférences qui, sans avoir un caractère utilitaire, auront cette utilité supérieure d'élever les pensées, et de former ce sens politique dont j'ai dit tout à l'heure l'impérieuse nécessité. On leur racontera l'histoire de la France depuis 1789, en insistant moins sur les batailles que sur le mouvement des idées et de la civilisation, et on leur fera connaître tout ce qui, dans l'histoire de l'Europe, est nécessaire à l'intelligence de notre politique étrangère. Comment sont nés et ont grandi le nouvel empire germanique et l'Italie? Comment l'Autriche a-t-elle été dépossédée de l'hégémonie allemande, et s'est-elle tournée du côté de l'Est? Comment et sous quelles influences, s'est démembré l'empire turc et se sont constitués les états des Balkans? Nos futurs citoyens ont besoin d'une réponse à toutes ces questions et on la leur donnera. — On leur dira les efforts des nations européennes pour s'emparer des diverses parties de l'Afrique, le rôle de l'Angleterre en Egypte, à Zanzibar, au Cap; celui de l'Italie en Abyssinie; celui de la France au Soudan, au Congo et à Madagascar. Ils sauront quels intérêts sont en jeu dans l'Extrême-Orient, nos rapports avec la Chine et le Japon; l'avenir probable de l'Indo-Chine et de l'Inde. Ils feront par la pensée un voyage en Amérique, et, sans négliger les républiques latines du Sud, ils étudieront surtout cette grande république du Nord dont la prospérité excite notre admiration. — Rien d'humain ne leur demeurera étranger. Des professeurs de lettres leur liront, en les commentant, les plus belles pages de nos grands écrivains; des professeurs de sciences leur expliqueront le monde matériel, le soleil et ses planètes, la terre, ses flores et ses faunes, l'homme, ses organes et ses fonctions ; enfin M. le professeur de philosophie leur exposera les devoirs et les droits des hommes vivant en société, et les conditions vitales du régime démocratique. Et ainsi, Messieurs, nos jeunes gens recevront, sous une forme élevée et simple à la fois, toute l'instruction qui leur est nécessaire pour remplir convenablement leur métier d'hommes et de citoyens.

*
* *

Nous avons un programme, nous avons des maîtres tout prêts à le suivre, mais aurons-nous des élèves, j'entends des élèves sérieux, assidus, et non pas de ces oiseaux de passage que la curiosité amène un jour et qu'une curiosité nouvelle éloigne le lendemain ? — Si, pour nous amener des élèves, il suffisait du talent et du zèle des professeurs, je n'aurais pas posé la question, je serais pleinement rassuré. Malheureusement, l'expérience me rend un peu défiant. Il y a quelque sept ou huit ans, un certain nombre d'hommes dévoués ont essayé d'établir ici des cours d'adultes, et ils y ont mis tout ce qu'ils avaient d'intelligence et d'énergie. Au début, les auditeurs affluèrent ; au bout de quelques mois il n'y eut plus personne. Pourquoi, Messieurs ? C'est que l'œuvre était restée trop scolaire, sans un appui suffisant à l'extérieur. C'est que vous ne l'aviez pas faite vôtre. Aussi, nous venons vous prier de prendre l'œuvre nouvelle sous votre patronage. Si, comme je l'espère, vous êtes convaincus de son utilité, vous, commerçants, vous nous enverrez vos commis et vous vous assurerez de leur assiduité ; vous, industriels, vous nous amènerez vos ouvriers ; vous tous, Messieurs, qui n'employez directement personne, mais qui, en vertu de votre situation, de vos relations et de vos lumières, exercez en ville une légitime influence, vous nous attirerez de nombreuses et fidèles recrues. Faites, à Agen, ce qui se fait depuis longtemps à Bordeaux. Faites mieux, même. Nos voisins ont une société philomathique qui a organisé des conférences et des cours très florissants, mais qui n'exerce sur l'éducation morale de la jeunesse qu'une action indirecte. Vous, Messieurs, soucieux de former des caractères plus encore que des intelligences, fondez une *Société Agenaise d'Éducation populaire.*

Car, pour susciter dans les âmes le sentiment de la Solidarité, pour constituer le milieu moral nécessaire à notre jeunesse, ce n'est pas assez, vous le pensez bien, que de la réunir deux ou trois fois par semaine en hiver, dans une salle de classe, autour d'une chaire. Il faut avoir avec elle un contact plus intime et plus prolongé. Et ce n'est pas seulement à ses travaux intellectuels qu'il faut s'associer, c'est aussi à ses divertissements, à ses plaisirs. Je voudrais donc que l'on créât un cercle où nos jeunes gens viendraient passer leurs moments de loisir, en particulier leur après-midi du dimanche, et où ils trouveraient, avec les jeux de leur âge, de bons conseils en cas de besoin, et une paternelle direction dans leur carrière. Les congrégations religieuses ont établi partout des cercles de ce genre ; la société laïque ne peut faire moins qu'elles, et elle doit constituer, au-dessus ou en dehors de toutes les religions particulières, le culte de la Solidarité humaine et de la Fraternité.

*
* *

Messieurs, je n'insisterai pas sur cette partie de l'œuvre que j'ai l'honneur de proposer à vos efforts. Elle est importante, certes, mais sa réalisation dépend de vous et des ressources que vous aurez plutôt que de la bonne volonté de mes collaborateurs. Pour créer, sinon pour faire vivre des cours d'adultes et des conférences, il suffisait de trouver des professeurs dévoués, et rien n'était plus facile. Pour établir un cercle, il faut de l'argent, et c'est vous seuls qui pouvez en découvrir. J'ajoute qu'il faut aussi des hommes, des hommes de cœur, qui aiment d'un amour passionné la jeunesse et la démocratie : la démocratie, parce qu'elle est la forme nécessaire des gouvernements modernes ; la jeunesse, parce qu'en elle sont tous nos espoirs. Vous êtes de ces hommes-là, Messieurs, et j'ai la conviction que vous n'hésiterez pas à sacrifier un écu de votre bourse ou une heure de votre temps pour assurer l'avenir de notre nouvelle société.

Vous donnerez ainsi le plus beau des démentis aux sceptiques, aux découragés que je rencontre sur ma route depuis un mois. — Votre entreprise est belle, me dit-on, mais elle ne réussira pas. Nos divisions politiques sont trop nombreuses pour que vous puissiez nous unir dans une œuvre commune. Et puis, à Agen, nous manquons d'enthousiasme, nous n'avons pas la foi. — Ceux-là, Messieurs, qui tenaient ce langage, vous calomniaient et se calomniaient eux-mêmes. Depuis bientôt quatre ans que j'ai l'honneur d'être au milieu de vous, je n'ai vu personne faire vainement appel à votre dévouement quand il s'est agi d'une grande cause à soutenir. Et notre drapeau est assez large pour que tous, sans distinction de parti, vous puissiez vous abriter sous ses plis, car c'est le drapeau de la France.

II. — **Discours prononcé, le 8 mai 1897, à la Société de patronage des Cours d'adultes et des Conférences populaires de Marmande.**

MESDAMES, MESSIEURS, MES CHERS AMIS,

Quand la présidence de cette cérémonie m'a été offerte, je l'ai acceptée bien volontiers. Elle m'apparaissait, en effet, comme un moyen de dire publiquement tout le bien que je pense de la Société de patronage de Marmande et de l'œuvre dont elle s'est chargée. C'était une façon de remercier tous ceux qui ont collaboré avec l'Administration académique par leurs cotisations, ou, mieux encore, par le don d'eux-mêmes, à l'éducation d'une partie de la jeunesse française. C'était aussi une occasion d'adresser mes félicitations à cette jeunesse qui a si vaillamment répondu à notre appel et de l'encourager à suivre jusqu'au bout la voie où elle s'est engagée. Il y avait là, pour moi, un devoir, et le plus agréable en même temps que le plus impérieux des devoirs ; si je ne puis m'en acquitter comme je le voudrais, je suis heureux néanmoins de venir au milieu de vous pour essayer de le remplir.

*
* *

Et d'abord, Messieurs les membres de la Société de

patronage, permettez-moi de vous féliciter de votre généreuse initiative. En vous groupant pour aider ceux de vos jeunes concitoyens qui s'efforcent vers plus de lumière et plus de moralité, vous avez parfaitement compris votre intérêt et les obligations qui vous incombent. Dans une nation comme la nôtre, où le pouvoir est aux mains du peuple, le peuple ne saurait être trop éclairé. Ce serait une dangereuse témérité que d'avoir remis à tous le bulletin de vote si tous n'étaient rendus capables de s'en servir avec sagesse. Pour une démocratie, il s'agit d'être intelligente et morale ou de n'être pas. Sans doute, les pouvoirs publics y ont pourvu, en établissant des écoles dans toutes les communes et jusque dans les plus humbles hameaux. Mais, vous ne l'ignorez pas, l'action de l'école est singulièrement limitée; à douze ans, à onze ans même la plupart des enfants y échappent, et quelles influences subissent-ils alors ? Comme le pauvre petit trésor si péniblement acquis à l'école est bientôt dissipé! On oublie vite les leçons du maître, on oublie plus vite encore, hélas! ses préceptes de conduite et ses exemples. Les passions naissantes et les mauvaises camaraderies en ont facilement raison. C'est ce danger, Messieurs, que vous avez voulu écarter de la jeunesse marmandaise. Vous lui avez offert, avec la facilité de conserver et d'accroître ses connaissances, le moyen de s'entretenir dans le culte de l'Idéal et de raviver en elle le sentiment du devoir. Et, ce faisant, vous avez agi en hommes avisés, car vous avez préparé à votre pays des citoyens habitués à observer, à juger, à démêler la vérité de l'erreur, et sur qui les sophismes n'auront aucune prise ; vous avez formé des électeurs à qui vous pourrez un jour léguer avec confiance le patrimoine de nos libertés; conscients de leurs devoirs et de leurs droits, nourris dans l'esprit de sacrifice, ils sauront garder ce patrimoine intact, fût-ce au prix de leur sang.

∴

Beaucoup d'hommes sentent comme vous, Messieurs, la nécessité de donner à l'école un lendemain, et il n'est peut-être pas de républicain instruit des conditions d'existence d'une démocratie, qui ne soit de cœur avec vous. Comment se fait-il donc que vous ayez si peu d'imitateurs, et que, dans tout ce département, il n'y ait encore que cinq sociétés de patronage de la jeunesse, alors qu'il devrait y en avoir au moins une par canton? Ah! c'est le résultat d'un défaut trop commun en France : nous manquons d'initiative. Habitués à compter sur l'Etat, comme sur une providence qui aurait mission d'assurer, à elle seule, notre bonheur, c'est vers l'Etat que nous nous tournons dans tous nos besoins. Façonnés et déprimés par une étroite tutelle de plusieurs siècles, nous sommes toujours semblables à des enfants qui ne savent pas agir par eux-mêmes. Volontiers nous nous en remettrions au gouvernement du soin de penser et de vouloir pour nous. Aussi, quand s'est posée la question de la reconstitution des Cours d'adultes, un grand nombre de Français se sont désintéressés de sa solution, se disant apparemment que l'Etat-providence y pourvoirait. Vous, Messieurs, vous ne vous êtes pas tenus dans cette coupable indifférence ; vous avez compris que l'Etat ne peut ni ne doit tout faire, et virilement vous avez agi. Vous m'en voudriez pourtant si je n'attribuais pas le plus grand mérite de votre œuvre à votre dévoué président, à

M. Bruneau. C'est lui qui a été le lien, l'âme même de votre Société. — « Je dois beaucoup, me disait-il un jour, avec « une charmante simplicité, je dois beaucoup à la So- « ciété Philomathique de Bordeaux dont j'ai suivi les « cours quand j'étais jeune homme ; je suis heureux de « payer ma dette en faisant aujourd'hui pour nos jeunes « gens de Marmande ce qui jadis a été fait pour moi. » — Voilà, Messieurs, de belles et nobles paroles. Elles sont d'un homme qui a la mémoire du cœur, elles sont aussi d'un vrai démocrate, car, éclairer l'esprit et élever le cœur de la jeunesse, c'est, à coup sûr, la meilleure manière de servir la démocratie.

* * *

Cette vérité ne pouvait vous échapper, Messieurs les instituteurs et Messieurs les professeurs, et c'est pourquoi vous nous avez avec tant de zèle apporté votre concours. Quand je vous l'ai demandé, je vous ai loyalement avertis de mon impuissance à le rémunérer ; mais j'ai fait appel à votre civisme, et vous m'avez entendu. Spontanément, joyeusement, vous nous avez fait le sacrifice de vos rares moments de loisir, et à la tâche déjà si lourde du jour, vous avez ajouté la tâche du soir. J'en étais certain d'avance : devant un devoir social à remplir, les membres de l'Université sont toujours prêts. Aux époques critiques où la liberté était en péril, ils ont été ses plus dévoués, ses plus obstinés défenseurs. En 1851, alors que la masse de la nation se taisait, apeurée, ils ont énergiquement protesté contre le coup d'Etat, et un grand nombre furent destitués. Plutôt que de prêter serment au parjure, ils aimèrent mieux renoncer à leur emploi. Au 24 mai, au 16 mai, ils furent encore à l'avant-garde du parti libéral; tenus en suspicion par le pouvoir, inquiétés sans raison, déplacés sous le plus futile prétexte, ils ne restèrent pas moins les représentants déclarés de l'esprit de tolérance, de justice et de progrès. Aujourd'hui, la liberté politique n'est plus en danger, mais les citoyens sont toujours menacés dans leur liberté morale par l'ignorance et les passions, et il faut les affranchir. Aussi, les membres de l'Université se sont levés, de toutes parts, à la voix de leurs chefs, pour le bon combat. Fraternellement associés les uns aux autres, professeurs de Facultés, de Lycées ou de Collèges, professeurs d'Écoles normales ou d'Écoles supérieures, maîtres d'Écoles primaires, tous ont donné, sans compter, leur temps et leur savoir. Et l'on a vu, grâce à eux, d'un bout de la France à l'autre, se produire un mouvement comme il ne s'en était jamais vu, non pas même aux beaux jours de M. Duruy, vers les cours d'adultes et les conférences populaires. Dans les villes et dans les campagnes de nombreux auditoires de jeunes gens et d'hommes faits ont reçu la bonne parole; de saines curiosités ont été éveillées dans les esprits et de généreuses émotions ont été suscitées dans les cœurs. Messieurs les professeurs et les instituteurs de Marmande, vous avez été des premiers à lutter ainsi pour l'affranchissement moral de la jeunesse; au nom de l'Administration académique qui a suivi vos efforts avec une vive sympathie, je vous adresse mes plus chaleureux remerciements.

***

Pour vous, mes chers amis, qui êtes les héros de cette

fête, il semble, au premier abord, que vous n'ayez eu aucun mérite à venir à nous. N'était-ce pas votre intérêt de chercher à augmenter vos connaissances? Ouvriers ou employés de commerce, ne sentiez-vous pas la nécessité de savoir un peu plus, de savoir un peu mieux? Sans doute, et vous avez eu tout avantage à vous laisser prendre dans le filet de ce pêcheur d'hommes qu'est M. Bedos. Plus notre siècle avance, en effet, plus la lutte pour la vie devient difficile, et ceux-là seuls triomphent qui ont à leur service, avec une constitution robuste, un esprit éclairé. A l'atelier comme à la ferme, au comptoir comme au bureau, l'instruction est, pour qui ne veut pas végéter dans la misère, absolument indispensable. Mais, si cette vérité est évidente, combien il s'en faut qu'elle soit partout admise! Que de gens encore regardent l'instruction comme un luxe inutile, et surtout que de jeunes gens lui préfèrent les distractions malsaines de la rue ou du cabaret! Vous n'avez pas été de ceux-là, mes amis, et vous avez mis sagement à profit les ressources qui vous étaient offertes. Pendant quatre mois, vous avez assisté régulièrement aux cours, écoutant avec la plus grande attention les leçons de vos maîtres, et travaillant, sous leur direction, avec ardeur. Vous avez appris beaucoup de choses utiles, vous avez fait des progrès sensibles et le concours final auquel trente-deux d'entre vous ont pris part a été très satisfaisant. Aussi, mes chers amis, nous sommes venus aujourd'hui applaudir à vos efforts et les encourager. N'interrompez pas le travail si bien commencé, continuez à prendre à la bibliothèque scolaire les bons livres qui ont été mis à votre disposition, et, l'hiver prochain, revenez suivre les cours et les conférences pour vous perfectionner encore. Revenez et amenez avec vous vos camarades ; vous ne serez jamais en trop grand nombre. Nous voudrions que tous les jeunes gens de Marmande fussent instruits parce que nous les aimons tous et que nous voudrions que tous fussent heureux.

∴

Heureux ! ce mot-là, Messieurs, implique bien des choses, et l'instruction n'est qu'une d'entre elles. Avec cette santé de l'esprit que donnent la connaissance du vrai et la rectitude du jugement, le bonheur exige la santé du corps, la culture du sentiment et l'énergie du vouloir ; c'est assez dire que les conférences et les cours d'adultes ne sauraient suffire à l'assurer.

Nos voisins, les Anglais, qui nous ont précédés de plusieurs années dans la voie où nous entrons seulement aujourd'hui, s'en sont parfaitement rendu compte. Eux aussi, ils ont commencé par convier les adultes à de nouvelles classes, et ce sont les professeurs des Universités qui ont pris l'initiative du mouvement. Ces savants n'ont pas voulu réserver à leurs riches élèves seuls les trésors de science qu'ils avaient acquis ; mais, dans un admirable esprit de solidarité, ils ont voulu en faire bénéficier tous leurs concitoyens. D'abord, ils sont allés dans les villes voisines d'Oxford et de Cambridge, puis dans les villes plus éloignées, instituant des cours où les moins fortunés pouvaient avoir accès. Et ainsi l'Université, c'est-à-dire le moyen de faire de hautes études, était étendue de la noblesse et de la bourgeoisie opulente à la nation tout entière. Mais, si nombreux que fussent leurs auditeurs, les professeurs anglais ne tardèrent pas à remarquer que beaucoup de jeunes gens échappaient à leur action. Ceux qui venaient à leurs cours étaient une élite, ayant des goûts élevés, des habitudes régulières, et, avec un fonds de connaissances déjà solide, la soif de connaître encore. La masse demeurait indifférente et s'abstenait. Qu'importe la science à ceux qui n'en ont jamais senti la douceur, à ceux qui sont toujours demeurés courbés sous le poids des nécessités matérielles, et n'ont pas éprouvé les divins plaisirs de l'esprit? Pour ceux-là, et même pour les premiers, il fallait autre chose que des conférences et des cours; il fallait des centres où ils pussent se réunir, le soir et dans leurs moments de loisir, pour jouer, pour chanter et faire de la musique, pour se livrer à tous les exercices physiques chers aux Anglais, en même temps que pour y recevoir, à l'occasion, de sages directions et de bons conseils. Il fallait, en un mot, leur créer un milieu moral où ils pussent développer à l'aise toutes leurs facultés. En Angleterre, quand une idée juste est née dans un esprit, elle n'est pas loin de sa réalisation, et ce n'est jamais l'argent qui fait défaut aux novateurs. A l'appel des professeurs, les lords, les industriels, les banquiers, les négociants se cotisèrent, et bientôt l'on vit s'élever de superbes palais où la jeunesse anglaise trouve aujourd'hui tout ce qui lui est nécessaire pour compléter son éducation physique, intellectuelle et morale.

Certes, mes chers amis, vous ouvririez de grands yeux si je vous montrais les merveilles de Toynbee-Hall ou de l'Institution polytechnique de Regent-Street, avec leurs salles de jeux, de concerts, de spectacle, de lecture et de conférences, avec leurs jardins et leurs piscines de natation, avec leurs prairies pour les exercices de football, avec leurs Sociétés de patinage, de canotage et d'excursions à l'étranger. Moi-même, j'ai cru rêver en lisant la description qui nous a été donnée, l'année dernière, de toutes ces choses, et, si je les demandais pour vous, notre excellent trésorier, M. Guitard, en les comparant à ses modestes ressources, serait réduit à une envie impuissante et découragée. Mais, je ne suis pas ambitieux; que M. Guitard se rassure! Je voudrais seulement un cercle où tous les jeunes gens de Marmande, sans distinction d'opinions politiques ou religieuses, eussent un agréable emploi de leurs instants de liberté; un cercle où, tout en étant à l'abri des sollicitations malsaines, ils jouissent du plaisir des bonnes et franches camaraderies. Est-ce chose impossible, Messieurs? On me l'a dit, et cependant cela existe déjà dans beaucoup de villes, à Mont-de-Marsan par exemple, et je ne crois pas que, dans le Lot-et-Garonne, on soit moins habile qu'ailleurs. Oh! je le sais, il y faudra de l'argent, et nous n'avons encore qu'un petit nombre d'adhérents, partant de cotisations. Mais, ce nombre ne peut-il être rapidement et considérablement augmenté? Ne peut-on compter que, pour une œuvre semblable, d'une si haute portée morale et sociale, tous les gens de bien de votre ville se feront un devoir de s'unir à vous? Et si, dans un pays aristocratique comme l'Angleterre on a sans grande peine trouvé des millions pour donner des palais à la jeunesse populaire, ne serait-il pas étrange que, dans un pays démocratique comme le nôtre, on ne pût trouver, en bien cherchant, de quoi offrir à notre jeunesse un abri?

En tout cas, Messieurs, je vous soumets mon projet, et le livre avec confiance à votre sagesse. Etudiez-le, et si, comme je l'espère, il vous paraît susceptible d'être réalisé, je vous prie de vous y employer tous et de votre mieux. Que chacun de vous se fasse agent de recrutement de la Société de patronage, qu'il lui amène ses parents et ses amis, et accroisse ainsi, avec le chiffre de ses membres, celui de ses ressources! Que la Presse, dont l'action a déjà été si féconde, nous prête encore son généreux appui! Qu'il y ait, en un mot, concours de toutes les énergies pour l'éducation intégrale de la jeunesse de Marmande! Cette grande affaire de l'éducation de la jeunesse n'est pas, comme on l'a pu croire trop longtemps, le domaine réservé des Instituteurs et des Professeurs. Elle est le bien commun et aussi le commun devoir de tous ceux que relie la chaîne d'or de la solidarité humaine, de tous ceux qui aiment leur Patrie, et la veulent grande et heureuse par la force, la sagesse et le bonheur de tous ses enfants.

III. — Discours prononcé, le 27 juin 1897, au banquet de l'Association des anciens élèves de l'école Saint-Étienne, à Villeneuve-sur-Lot.

MESSIEURS,

Ne vous effrayez pas trop, en me voyant tirer ces feuilles de ma poche ; si je n'ai pu rompre avec la tradition qui impose au Président d'une fête comme la nôtre l'obligation de faire un discours, j'ai tâché, du moins, en l'écrivant, d'avoir toujours présente à l'esprit l'idée du moment et du lieu où il serait prononcé. Après un banquet, je n'aurais garde de dire des paroles trop graves ; à Villeneuve, on ne saurait être triste. Dans cette ville de la bonne humeur et des gais propos, où tout, depuis le Lot qui la traverse et les vignes qui l'entourent jusqu'aux gens qui l'habitent, semble continuellement sourire, je veux traiter les questions sérieuses en souriant.

Aussi bien, Messieurs, quel est le but de M. Maury en fondant avec vous une *Association d'anciens élèves* et un *patronage scolaire ?* Est-ce de maintenir indéfiniment la jeunesse sous une sorte de férule, et de la sevrer du plaisir ? Et alors qu'un Grand Maître de l'Université, que vous connaissez bien, se plaignait que la montagne Sainte-Geneviève devint triste, nous concevez-vous cherchant à transformer Villeneuve en une tribu de quakers ou en une section de l'Armée du Salut? Non, vous le savez, nous n'avons pas d'aussi noirs projets. Tout au contraire, nous voulons répandre la joie autour de nous, nous voulons que les enfants du peuple soient heureux.

Si, le dimanche, nous les convions à l'école, ce n'est pas pour les y emprisonner; c'est pour leur offrir d'agréables et saines distractions. Le jeu est un des besoins de leur âge: nous leur avons préparé des jeux. Il leur faut la marche, les longues promenades qui fortifient les poumons et réjouissent les yeux; M. Maury médite pour eux des excursions charmantes, et je sais tels sites où il se propose de les mener qui vous séduiront, vous aussi, et où sûrement vous les accompagnerez. Ils chantent naturellement, comme l'oiseau gazouille, et beaucoup d'entre eux ont de belles voix; nous exercerons leur talent naturel, et nous leur apprendrons des chansons et des chœurs. Ah! les bonnes parties de campagne que je rêve! Je vois mes jeunes gens, par les après-midi de printemps ou d'automne, parcourant ce beau pays de Gascogne qui est le vôtre et que, pardonnez-moi ce reproche amical, vous connaissez si peu. En même temps qu'ils s'abreuvent d'air pur, ils remplissent leur esprit de gracieuses images, faisant ainsi une double provision de forces physiques et morales pour les fatigues de la semaine. Leur conversation est animée, et de leurs rangs partent à chaque instant, comme des fusées, de retentissants éclats de rire. Leurs joues sont empourprées, leurs yeux brillent, et, le soir, quand ils reviennent en ville, un peu fatigués, mais contents de leur journée, ils entonnent, à la place de ces inepties qu'ils fredonnent aujourd'hui, un hymne où la vraie poésie et la vraie musique se sont associées pour chanter la nature, l'âme ou la patrie. Ce rêve, Messieurs, est-il d'un atrabilaire, d'un rabat-joie, et croyez-vous qu'en le réalisant la jeunesse Villeneuvoise perde quelque chose de sa gaieté?

Il y aura, il est vrai, les jours de pluie, les jours d'hiver où il faudra se réfugier à l'école et n'en pas sortir. Mais, pour être différents, nos exercices ne changeront pas de caractère. Nous apprendrons des monologues, des saynètes; nous essayerons même de la grande comédie, nous tâcherons d'interpréter Molière, et ce poète toujours jeune embellira les heures les plus sombres. A Villeneuve, je le sais, on aime à dire des vers, et je sais aussi qu'on les dit bien; la coutume est précieuse, elle convient parfaitement à notre but et nous ne la perdrons pas. Si maintenant quelques esprits moroses, — il en est partout — ne nous trouvent pas suffisamment graves, si le jeu, la musique et la déclamation ne leur paraissent pas constituer, à eux seuls, un digne emploi de nos loisirs, ils peuvent se rassurer. Nous ferons des leçons à l'école Saint-Etienne, et ce n'est pas nous qui, tenant des jeunes gens sous notre main, négligerons de leur donner les directions nécessaires pour les mettre en état de bien remplir leurs devoirs d'hommes et de Français. Mais, nous écarterons avec soin de notre enseignement tout appareil rébarbatif et nos leçons, sans perdre de leur efficacité, seront plutôt des causeries. Déjà M. Maury se préoccupe d'acheter, avec vos modestes ressources, une lanterne magique; c'est sur elle qu'il compte, avec raison, pour répandre des vérités utiles; il veut plaire même en instruisant. Et ainsi, Messieurs, nous nous efforcerons de faire de notre patronage un *cercle joyeux* où la jeunesse villeneuvoise trouvera, tout en s'amusant, le moyen de devenir plus éclairée et plus sage, plus forte et meilleure. Ce sera comme une petite abbaye de Thélème, — une abbaye d'hommes seulement.

⁂

Quand nos pupilles en sortiront, ils ne manqueront pas de s'affilier à notre *association amicale*. Obligés de quitter Villeneuve pour faire, comme apprentis, leur tour de France ou pour entrer au régiment, ils tiendront à rester unis avec leurs camarades et avec vous. On leur écrira fréquemment, on leur donnera des nouvelles du pays, et, en recevant vos lettres, il leur semblera respirer un peu de l'air qui passe sur vos pruniers. Cela les fortifiera, cela les sauvera peut-être. Dans l'isolement d'une grande ville, les jeunes gens sont sujets à de rudes tentations, et beaucoup parmi les meilleurs se découragent et succombent. Mais s'ils ne perdent pas le contact avec ceux qu'ils respectent et qu'ils aiment, s'ils sentent comme un œil bienveillant toujours ouvert sur eux, il y a de grandes chances pour qu'ils se maintiennent dans la bonne voie. On ne fait guère le mal quand on veut pouvoir avouer aux siens tout ce qu'on fait. Bien mieux, on travaille avec énergie pour conserver et accroître leur estime, et l'on obéit vaillamment, en toutes circonstances, à la loi du devoir. Aussi, Messieurs, je ne doute pas que vos associés, au régiment comme à l'atelier, ne vous fassent honneur. Vous vous proposez, m'a-t-on dit, d'envoyer à tous ceux qui obtiendront des grades de quoi fêter leurs promotions; l'idée est excellente, mais je vous en préviens, il vous faudra souvent arroser des galons de laine et des galons d'or.

Revenus au pays, vos associés trouveront auprès de vous aide et protection. S'ils sont sans travail, vous vous emploierez à leur en procurer, et, comme vous serez nombreux, comme vous inspirerez confiance, vous ne manquerez pas de réussir. Si un d'eux tombe frappé de quelque malheur, vous lui tendrez une main secourable et vous le relèverez. Et tous, ne formant qu'une seule et même famille, vous mettrez en commun vos douleurs et vos joies. Réunis, chaque année, comme en ce moment, autour de cette table qu'il faudra, sans doute, allonger encore, vous vous rappellerez les souvenirs de votre jeunesse, et vous revivrez les beaux jours disparus. Les riches, — car il en est parmi vous qui deviendront riches, — s'assoiront à côté de ceux qui seront restés dans une condition modeste, et, en choquant leurs verres, les uns et les autres échangeront leurs idées et supprimeront bien des causes de conflit. Vous vous êtes interdit de parler politique dans vos réunions, et je vous approuve, car la politique sépare trop souvent les meilleurs amis. Mais, si différentes que soient un jour, sur des points de doctrine particuliers, vos opinions personnelles, il est un certain nombre d'idées générales dont vous pourrez parler librement, et qui tiendront haut vos esprits et vos cœurs. Instruits à une école de raison et de liberté, les anciens élèves de Saint-Etienne communieront toujours, pour leur bonheur et celui de leurs concitoyens, dans la foi au progrès, dans le respect de la justice individuelle et sociale, dans le culte de la solidarité humaine et de la Patrie.

Le succès de votre association provoquera, j'aime à l'espérer, la création de sociétés semblables dans d'autres communes du département. Quand on verra ces gais compagnons de Villeneuve engagés en si belle voie, on se dira qu'on peut les suivre sans crainte et on les suivra. L'important était de commencer, d'ouvrir la marche ; vous l'avez ouverte, Messieurs, avec votre entrain coutumier ; je vous en félicite et je vous remercie. Je remercie particulièrement M. Maury, qui a été l'initiateur de l'entreprise et qui, avec ses dévoués collaborateurs, supportera la charge de la direction du patronage ; je remercie les membres honoraires qui, en nous apportant leur obole, nous permettront de faire tant de bien ; je vous remercie enfin, vous tous, Messieurs, qui avez, en si grand nombre, répondu à l'appel de votre ancien maître ; ce n'est pas seulement à vous, c'est à moi aussi, c'est à tous les amis de la jeunesse que vous avez procuré une vive satisfaction. Et maintenant, allez, riez et prenez du plaisir ; mais souvenez-vous toujours que Villeneuve, la ville de la bonne humeur et des gais propos, est aussi la ville des idées élevées et des sentiments généreux ; si ses fils peuvent se divertir de leurs travaux, c'est en Gaulois qui sont d'honnêtes gens.

IV. — Discours prononcé, à Layrac, le 16 octobre 1898, à la Fête de l'Adolescence du canton d'Astaffort (Lot-et-Garonne).

Messieurs,

Permettez-moi, tout d'abord, de m'excuser auprès de vous d'avoir accepté la présidence de cette cérémonie. Elle revenait de droit à celui qui a été l'organisateur, et qui est l'âme même de votre Société, à M. Prosper de Lafitte. C'est lui qui devrait être à l'honneur puisque c'est lui qui a été à la peine. Mais, vous connaissez son grand défaut, celui dont il ne se corrigera jamais, je veux dire son excessive modestie. A l'entendre, lui dont l'esprit toujours en éveil se tient au courant de tous les progrès de la science, il est ignorant ; lui dont la plume s'est exercée avec tant de verve et tant de finesse contre les calomniateurs de ses chères écoles, il ne sait pas écrire ; lui dont le dévouement à l'éducation populaire nous sert, à nous, professionnels, de stimulant et de modèle, il ne fait que bien petitement son devoir. Force m'est donc, puisqu'il m'en a prié, de me substituer à cet ignorant d'un nouveau genre, et de vous dire, moins bien qu'il ne l'eût fait lui-même, la haute signification, la portée patriotique et sociale de cette fête de l'adolescence qui nous réunit aujourd'hui. Je n'ai pas d'autre moyen de lui témoigner ma gratitude que de vous exposer simplement la raison de ce qu'il a voulu faire et de ce qu'il a fait.

* * *

Il y a trois ans, le ministre de l'Instruction publique écrivit à tous les délégués cantonaux de France une lettre qui fut, non pas l'initiatrice, mais la formule éloquente d'un admirable mouvement. Montrant combien le jeune homme était dépourvu d'appui, de réconfort intellectuel et moral, depuis sa sortie de l'École jusqu'à son entrée au régiment, il les priait de s'unir, et de s'adjoindre tous les hommes de bonne volonté pour venir à son secours. Il les conjurait de sauver l'œuvre de l'école en la prolongeant. — Ce n'était pas, disait-il, l'affaire de l'Etat, qui avait rempli l'essentiel de sa tâche en assurant à tous le bénéfice de la première instruction. Le budget, déjà si lourd, ne s'accommoderait pas d'une nouvelle charge, et les programmes des Cours d'adultes, devant s'adapter à des milieux très divers, à des besoins toujours changeants, ne comportaient pas l'uniformité, la fixité des programmes ministériels. L'éducation de l'adolescence était affaire d'initiative privée ; elle était le devoir, le devoir présent et urgent de tous les bons citoyens. — Il en fut, Messieurs, de ces paroles du ministre comme de la semence jetée aux quatre vents du ciel par le semeur de l'Evangile, et dont une partie tomba sur les cailloux, une autre dans les ronces et les épines, une troisième seulement sur une bonne terre. Certains délégués cantonaux, persuadés que toute leur mission est remplie quand ils se sont faits auprès de l'Administration l'écho des plaintes souvent injustifiées des familles, regardèrent la lettre ministérielle comme non avenue, et s'enfermant dans une dédaigneuse indifférence, laissèrent l'instituteur à ses propres forces. D'autres, comprenant que le ministre avait raison, essayèrent de faire quelque chose, mais, comme ils n'avaient pas au cœur le feu sacré, ils s'arrêtèrent devant les premiers obstacles, et renoncèrent vite à une œuvre qu'ils jugeaient grande, sans doute, mais impossible. D'autres enfin se prirent pour elle d'une véritable passion, et, dans ce pays de France où l'on était accoutumé jusqu'alors à tout attendre de l'État, produisirent des miracles d'initiative intelligente et hardie. De leur nombre, Messieurs, fut, en première ligne, M. Prosper de Lafitte. Dès que le projet d'une Société cantonale d'éducation populaire fut né dans son esprit, il mit à le réaliser tout son temps et tous ses soins. Vous, qui avez reçu ses visites, vous savez mieux que moi avec quelle éloquence persuasive il sut solliciter et obtenir vos adhésions. Vous avez vu un apôtre, et vous avez été conquis, et vos bourses se sont ouvertes avec vos cœurs. Mais, réunir des fonds n'était que la plus facile partie de l'entreprise. Il fallait attirer les jeunes gens et les retenir, organiser des conférences et des cours, choisir et chercher des conférenciers. Il fallait pourvoir aux mille petites nécessités, assurer les mille petits détails d'une institution qui, n'ayant encore ni précédent, ni modèle, laissait une large place à l'imprévu. M. de Lafitte a pensé à tout, a pourvu à tout, et jamais sa patience ne s'est lassée, jamais sa bonne grâce ne s'est démentie. Cette fête même à laquelle nous assistons, vous ne soupçonnez pas combien elle lui a coûté d'efforts de toute sorte. Chacun de ces prix, chacun de ces diplômes que nous allons délivrer représente un nombre incroyable de démarches auprès du ministre, du préfet, et de l'inspecteur d'Académie. Chacun de nos plaisirs, jusqu'à, dit-on, l'harmonie dont nous sommes bercés, est le produit d'une de ses peines. Ne l'oubliez pas, jeunes gens, et entourez, comme nous, de votre respectueuse affection, cet ami dévoué de l'École populaire, ce serviteur désintéressé de la Démocratie.

*
* *

Il est vrai, Messieurs, — et je me hâte de l'ajouter, — M. de Lafitte a trouvé, dans ce canton, des hommes capables de le comprendre et de le soutenir, d'intelligents et sympathiques collaborateurs. A Layrac, M. le Maire Cassius, qui nous fait aujourd'hui, avec tant de courtoisie, les honneurs de sa charmante petite ville, n'a rien négligé pour assurer le succès de notre œuvre. Toujours présent aux conférences, excitant et encourageant par cela même orateurs et public, il a pourvu l'école d'un excellent appareil à projections lumineuses qui nous promet, pendant bien des hivers, et à travers tous les mondes, ceux de l'art et de l'histoire comme celui de la nature, des voyages enchantés. A Caudecoste, M. le Maire Ollier suit l'exemple de son collègue, et personne ne seconde mieux les efforts de nos maîtres pour répandre le goût des beaux vers et du bien dire. Un de ces jours, grâce à lui, vous verrez le théâtre scolaire de Caudecoste faire concurrence à la Comédie française. — Et je ne parle pas de M. Caritan, de M. Roudouly, de M. Delzant, de tous ces bons citoyens qui ont avec tant d'empressement répondu à notre appel. Vraiment, nous sommes, dans ce canton d'Astaffort, sur une bonne terre; quand on y parle de dévouement à la jeunesse, de solidarité sociale et de patriotisme, on est toujours sûr d'être compris.

*
* *

Solidarité sociale et Patriotisme, voilà, en effet, Messieurs, les deux sentiments qui vous ont inspirés quand vous avez créé les Cours d'adultes et les Conférences populaires, et ce sont eux aussi qui ont provoqué cette fête de l'Adolescence que nous célébrons en ce moment. Nous ne faisons qu'accomplir un des rites de cette religion sublime dont nous sommes tous les fidèles, quelles que soient nos convictions particulières, je veux dire la religion de l'Humanité et de la Patrie.

Trop d'hommes ignorent qu'ils sont obligés de vivre pour autrui parce qu'ils tiennent tout d'autrui. C'est pourtant à leurs frères en humanité qu'ils doivent et le toit qui les abrite, et le vêtement qui les couvre, et le pain qui les nourrit. Le sol même qui les porte représente la vie de nombreuses générations. Jadis il était couvert de forêts marécageuses, peuplé de bêtes féroces, inculte et malsain. Des millions d'hommes sont venus, ont abattu les forêts, desséché les marécages, détruit ou domestiqué les animaux, et aujourd'hui, grâce à leurs communs travaux, vous jouissez d'un climat délicieux, et la terre qu'ils vous ont laissée, avec ses moissons et ses fruits, fait penser à la Terre promise. — Ils ont fait pour vous bien davantage. En appliquant leur esprit aux phénomènes de la Nature, ils ont peu à peu découvert les lois qui les régissent ; ils ont créé la Science, et la Science a transformé le monde. Domptées par eux, la vapeur accomplit pour vous les plus gigantesques travaux, et l'électricité transmet, en un clin d'œil, votre pensée, votre écriture, votre voix elle-même d'un point à l'autre de l'espace. Les infiniments petits qui menaçaient votre vie, celle de votre bétail et de vos vignes, les microbes sont vaincus, ou à la veille de l'être, car la méthode est trouvée qui en aura raison. Et ainsi, grâce aux autres hommes, votre existence s'embellit et s'améliore, en même temps que votre esprit acquiert, sans effort, le divin plaisir de connaître. Il vous suffit aujourd'hui d'ouvrir un livre pour savoir plus de choses qu'en savaient, après une vie tout entière consacrée à l'étude, les plus grands génies d'autrefois. Vous n'avez plus que la peine de naître pour être savants. — Et cependant je ne vous ai pas dit encore la meilleure partie de votre héritage, le bien le plus précieux que vous devez à autrui. Vous vivez dans une société policée, dont les mœurs sont douces, dont les lois se conforment de plus en plus à la Justice éternelle et à la Raison ; vous êtes libre d'aller et de venir à votre fantaisie, de prendre le métier qui vous agrée, de pratiquer la religion qui vous paraît la meilleure ; égaux en droits, vous ne reconnaissez d'autre supériorité que celle du talent et de la vertu; citoyens d'une République, vous n'êtes régis que par la Loi, et la Loi elle-même n'est que l'expression de votre volonté. Or, songez, Messieurs, à ce qu'il a fallu de luttes, de larmes et de sang pour vous assurer ce bonheur. Comptez seulement, si vous le pouvez, les hommes qui, depuis le mouvement des Communes jusqu'à la Révolution française, et depuis 1789 jusqu'à nos jours, se sont sacrifiés à la cause sainte de la Liberté! Innombrables ont été les martyrs de la justice et du droit, et vous, hommes du dix-neuvième siècle, vous vivez de leur mort. — Bien plus, vous êtes Français, et ce titre seul vous confère un honneur incomparable. Français! ce mot rappelle, parce qu'il les résume, tous les héroïsmes, tous les dévouements, toutes les gloires. Chevauchées triomphales de nos armées à travers le monde, secours aux opprimés de toutes les nations, génie des penseurs et des écrivains, des savants et des poètes, création prodigieuse des œuvres d'art les plus exquises, création plus prodigieuse encore des plus beaux modèles de vertu, voilà, Messieurs, ce qu'implique le nom de Français. Aucun nom de peuple ne vaut celui-là ; vous pouvez en être légitimement fiers ; c'est la plus haute noblesse qu'il y ait sous les cieux.

Mais cette noblesse vous oblige, mais tous ces biens matériels, intellectuels et moraux, dont vous jouissez et que vous n'avez pas produits, sont pour vous une dette d'honneur. Le riche n'est pas moralement libre de venir au secours de ses frères malheureux ou de les abandonner à leur sort. Dans toute fortune il y a une part, — la plus grosse, — que le propriétaire n'a pas faite, et qui, étant l'œuvre de la Société tout entière, doit revenir à la Société. Le savant, ou simplement l'homme instruit, n'est pas moralement libre de conserver pour lui-même la vérité, ou de la répandre. Sa science n'est pas uniquement son œuvre personnelle, et, comme il l'a reçue, il doit la transmettre, en l'augmentant s'il le peut, à ceux qui viennent après lui. Nul de nous, enfin, n'est moralement libre de vivre en égoïste, dans son coin, tout occupé de ses petites affaires, de ses petits intérêts, de ses petits plaisirs. Membres du corps social, n'ayant de vie que par lui, nous devons vivre pour lui. Et voilà pourquoi, Messieurs, vous vous êtes consacrés, sans aucune mission officielle, à l'éducation de la jeunesse populaire. Redevables de ce que vous êtes à la Société d'hier, vous avez voulu payer votre dette en préparant de votre mieux la Société de demain. Comprenant dans toute leur étendue et toute leur rigueur les obligations que vous impose la Solidarité humaine, vous avez travaillé à faire de nos jeunes Français, des hommes plus forts, plus instruits et meilleurs.

* * *

Je vous en remercie, Messieurs, et je vous en félicite, car, en même temps que vous avez rempli un devoir strict, vous avez fait acte de prévoyance et de sagesse. Obligation morale pour tous les hommes de tous les pays, l'éducation de la jeunesse populaire est, dans un Etat démocratique comme le nôtre, une impérieuse, une pressante, une absolue nécessité. Demain, en effet, ces jeunes gens qui nous entourent seront électeurs, demain ils feront, comme dit Rousseau, partie du Souverain, et c'est d'eux que dépendra notre sort. Abandonnés aux ténèbres de l'esprit, aux faiblesses du cœur et de la volonté, ils nous feront une France amoindrie, impuissante ; éclairés, au contraire, et habitués aux nobles sentiments, aux résolutions généreuses, ils assureront à notre République une place glorieuse au milieu des nations.

Je prétends qu'ils doivent être éclairés, et, de cela, Messieurs, il semble que tout le monde soit parfaitement convaincu, et qu'il n'y ait plus, aujourd'hui, rien à dire. On a si souvent proclamé que l'instruction universelle est la conséquence logique du suffrage universel ! On a si fortement établi l'union intime de l'Ecole et de la République! Et cependant il s'en faut que cette vérité, d'apparence banale, soit partout, et par tous, comprise comme elle doit l'être. Généralement on s'imagine que l'enfant qui sort de l'Ecole primaire, muni ou non du certificat d'études, est prêt à remplir, quand il en aura l'âge, ses devoirs de citoyen. Certains même trouvent nos programmes trop touffus et en élimineraient volontiers toutes ces nouveautés qui s'appellent la Morale, l'Instruction civique, l'Histoire contemporaine. Ne suffit-il pas à l'ouvrier de savoir lire, écrire et calculer? Et ne lui suffit-il pas, pour s'initier aux choses de la politique, d'assister aux réunions publiques et de lire les journaux? — Grande erreur, Messieurs, et combien dangereuse! Non, il ne suffit pas que nos jeunes gens sachent lire, écrire et calculer; non, ils ne sauraient se contenter des réunions publiques et des journaux pour s'initier à leurs devoirs civiques; non, le certificat d'études primaires lui-même, avec toutes les connaissances qu'il suppose, ne leur suffit pas. Voici une élection législative. Les candidats sont nombreux, leurs programmes très divers. L'un demande que les produits étrangers soient frappés, à leur entrée en France, de droits onéreux, *afin* de protéger notre agriculture et notre industrie nationales; l'autre, pour permettre l'abaissement du prix des objets nécessaires à la vie, réclame le libre-échange. Celui-ci voudrait que l'industrie des transports, les mines et les banques fussent gérées par l'Etat; celui-là va jusqu'à désirer que l'Etat soit le seul propriétaire de tous les moyens de production; et ce troisième, au contraire, persuadé que la concurrence est l'âme même de l'industrie, comme elle l'est du commerce, exige la suppression de tous les monopoles. Lisez cette affiche : elle condamne les expéditions coloniales comme ruineuses pour nos finances et meurtrières pour nos soldats. Lisez cette autre : elle souhaite en Asie, en Afrique, partout où il reste une terre disponible, l'établissement d'une « plus grande France » qui soit un débouché à notre commerce, et à notre population inoccupée ou misérable. D'après cet orateur, la condition première du progrès politique est l'unité du pouvoir législatif, et la dualité actuelle ne serait que le conflit, ou, tout au moins, le piétinement organisé. Mais, écoutez cet autre : il vous soutiendra qu'une Chambre unique est condamnée par avance à des résolutions précipitées et funestes, et que toute Constitution sage doit avoir une place pour un élément modérateur, pour un Sénat. Comment se retrouver au milieu d'affirmations si contradictoires ? Et comment juger en connaissance de cause ? — Un grand nombre d'électeurs ne l'essaient même pas. Ils se prononcent, non pour tel ou tel programme, contre telle ou telle politique, mais pour M. X. dont ils sont les amis, contre M. Y. dont le nez leur déplaît. Ou bien, se plaçant au seul point de vue de leurs intérêts personnels, ils votent pour celui qui promet de les défendre, ici âprement protectionnistes, là libre-échangistes intransigeants. Ou encore ils suivent aveuglément les conseils du journal que le hasard a mis entre leurs mains, incapables de les contrôler, souvent même de les comprendre. Et ces prétendus souverains ne sont, au fond, que des esclaves, les esclaves du préjugé, de l'ignorance et de la passion.

L'École primaire d'aujourd'hui fait, il est vrai, tout ce qu'elle peut pour préparer, dans l'enfant, le citoyen de l'avenir, et, chaque fois que j'en ai l'occasion, je reconnais avec joie que nos maîtres font beaucoup. Mais, le peu de temps dont ils disposent, et l'âge même de leurs élèves limitent fâcheusement leurs moyens d'action. Sans doute ils peuvent montrer, et ils montrent que le développement progressif de l'égalité et de la liberté est la raison suprême de toute notre histoire intérieure. Mais, comment intéresser des enfants de onze et de douze ans au mécanisme et à l'esprit de nos Institutions, comment leur en donner la raison, la philosophie? Sans doute nos maîtres font connaître à leurs élèves la situation que nous a créée la guerre de 1870 et les devoirs qu'elle nous impose. Mais, comment leur expliquer avec des détails suffisants la politique de la France en face de la Triple-Alliance, ses rapports avec l'Angleterre ou avec la Russie ? Et si l'on peut dire un mot, à l'Ecole, des questions économiques qui agitent le monde contemporain, si l'on peut y parler, par exemple, de la Mutualité et de ses bienfaits, à coup sûr la plupart des problèmes sociaux n'y seraient pas compris. L'Ecole primaire prépare le citoyen, elle ne le fait pas.

Où se formera-t-il donc, Messieurs, sinon dans nos Cours d'adultes et nos Conférences populaires? C'est là, et nulle part ailleurs, que nous pourrons donner aux jeunes gens la claire vue des intérêts généraux du pays. Là ils apprendront la valeur de la liberté civile et politique conquise par leurs pères, et s'exalteront à l'idée de nos destinées futures. Là ils verront que le progrès en toutes choses se fait par un mouvement continu et non par de brusques soubresauts, et ils attendront les améliorations désirables, non pas de révolutions violentes, de coups d'Etat miraculeux, mais de longs et patients efforts. Là aussi, là surtout, ils reconnaîtront que les meilleures institutions ne sont rien sans les hommes, et que, pour porter les Institutions de la Liberté, il faut des hommes à l'esprit et au cœur droits, des hommes capables de se discipliner eux-mêmes et de mourir, s'il le faut, pour la Justice et la Loi. — Certes, nous n'avons garde d'oublier, dans nos Cours et nos Conférences, les choses d'ordre utilitaire et pratique. Nous vulgarisons les connaissances scientifiques qui rendront notre agriculture plus prospère, et nous permettront de mieux soutenir la concurrence des étrangers. Dans un canton où la vigne a été et peut redevenir si florissante, nous avons fait appel, pour répandre les bons procédés de viticulture, à tous ceux qui ont l'expérience et le savoir. Rien de ce qui peut développer la richesse matérielle du pays ne nous est indifférent. — Nous n'oublions même pas de joindre à l'utile l'agréable, aux connaissances nécessaires les connaissances qui semblent de luxe, et sont peut-être, en réalité, plus nécessaires encore. Ainsi nous lisons à nos jeunes gens les plus belles pages de nos grands écrivains; nous leur enseignons l'énergie et l'honneur avec Corneille, le patriotisme avec Michelet, l'amour de la nature et la pitié pour tout ce qui souffre avec Victor Hugo. Nous nous efforçons de leur inspirer, avec le goût du beau et du grand, le sentiment religieux de l'Idéal et de l'Infini. — Mais, à travers toutes nos leçons et toutes nos conférences, nous ne perdons jamais de vue le but que nous nous sommes proposé ; qu'il s'agisse de sciences ou de lettres, d'art ou d'agriculture, de morale ou d'histoire, nous cherchons toujours à développer en eux les qualités viriles indispensables aux citoyens d'une Démocratie.

Aussi, voyez-les, Messieurs, considérez ces élèves de nos Écoles primaires et de nos Cours d'adultes arrivant, dans quelques années, à l'âge d'homme et prenant part, à leur tour, aux affaires publiques. Ils ont le jugement droit et l'esprit cultivé. Habitués à chercher en toutes choses la vérité, à distinguer nettement le possible de l'impossible, ils ne se laissent prendre ni aux discours fallacieux des sophistes, ni aux promesses des faiseurs d'utopies ; sachant améliorer leur situation par le travail, la prévoyance et la mutualité, ils n'envient pas le sort des autres, et n'abandonnent plus l'agriculture, qu'ils ont rendue plus rémunératrice, pour les salaires aléatoires des grandes villes ; initiés aux nobles jouissances de l'art, ils embellissent leur existence à la lecture des poètes, aux harmonies de la musique, à la contemplation de la beauté du monde. Ils ont le cœur haut et les sentiments généreux. Soucieux de leur propre dignité, ils ne permettent à personne d'y porter atteinte, et revendiquent énergiquement tous leurs droits ; mais, également soucieux de la dignité de leurs concitoyens, ils respectent leur réputation, leurs croyances, et s'inclinent, sans hésiter, devant l'autorité légitime. Ils aiment la France d'un amour passionné, parce qu'elle est la plus noble et la plus tendre des mères, et, plus heureux que nous, ils ferment la plaie qu'elle porte au cœur depuis vingt-huit ans. Enfin, ils servent avec dévouement la République qui leur apparaît à tous comme le régime à la fois rationnel et nécessaire, en laquelle ils voient l'aboutissement naturel de toute notre histoire, l'instrument de tous les progrès sociaux, et qui, désormais incontestée, réunit dans une même foi, dans un même culte, les cœurs de tous les Français.

V. — Discours prononcé, le 18 août 1900, au banquet annuel de la Société amicale des instituteurs de la Nièvre.

MON CHER PRÉSIDENT,

Ne me remerciez pas du bon accueil que je vous ai fait, aux membres du bureau et à vous, chaque fois que vous êtes venus me voir. Ce bon accueil vous était dû. L'esprit qui anime votre association, et dont vous êtes le digne et délicat interprète, le noble but que vous avez assigné à vos efforts, votre souci constant de ne point vous en laisser détourner, et aussi votre affectueuse déférence pour moi, tout me commandait de vous traiter avec une bienveillance particulière. Continuez à suivre la voie où vous êtes engagés, et, quand vous viendrez chez votre inspecteur d'Académie, vous trouverez toujours, non pas un chef parlant à des subordonnés, mais un ami heureux de recevoir ses amis.

C'est comme tel, Messieurs, que je m'adresse à vous en ce moment. J'aurais aimé que M. le Préfet présidât cette fête : plus encore que ses fonctions, son amour sincère de la justice, sa sollicitude éclairée pour les intérêts de l'école et pour les vôtres, lui donnent une place éminente dans notre famille d'instituteurs. Et il ne m'aurait pas déplu, je l'avoue, de l'écouter et de me taire, car, après les fatigues de cette fin d'année, j'avais peut-être acquis des droits au repos. Mais, puisque M. le Préfet n'a pu se joindre à nous — et je lui en exprimerai, en votre nom et au mien, tous nos regrets, — je tâcherai de remplir mon devoir de président sans cependant faire un discours. En famille, on peut causer à l'aise ; ici, au milieu des miens, je laisserai tout simplement parler mon cœur.

Messieurs,

Quand, il y a deux mois, les membres de votre société de secours mutuels étaient assis à cette même table, je les priais, vous vous en souvenez, de créer dans chacune de leurs écoles une société d'enfants analogue à la leur. Je leur demandais de faire participer leurs élèves à ces bienfaits de la solidarité dont ils jouissaient eux-mêmes. Permettez-moi aujourd'hui de vous adresser une demande semblable : à la Société amicale des anciens élèves de l'école normale de Varzy, ajoutez, dans la plupart de vos communes, une société amicale d'anciens élèves de l'école primaire ; à la grande A que nous fêtons, joignez demain, partout où ce sera possible, une petite A. C'est le complément nécessaire, indispensable, de l'œuvre que nous nous sommes librement imposée, l'œuvre d'éducation, non plus seulement de l'enfance, mais de l'adolescence, de toute la jeunesse nivernaise.

Qu'avons-nous fait jusqu'à présent ? Nous avons organisé une multitude de cours d'adultes et de conférences. Et, certes, c'était une excellente besogne, c'était par là qu'il fallait commencer. Voulant élever les âmes, nous devions d'abord éclairer les intelligences ; ayant foi dans la raison et dans la science, dans leur vertu pacifiante et fortifiante, nous devions propager autour de nous le culte de la science et de la raison. Mais, reconnaissons-le, cela ne suffit pas. L'homme n'est pas un pur esprit, et la vérité seule ne suffit point à le conduire. Parmi ces jeunes gens que j'aperçois, chaque jour, à la terrasse des cafés, buvant l'absinthe à pleins verres, plusieurs, sans doute, savent bien ce qu'ils font. Ils ont lu, ou on leur a dit, on leur a même prouvé, peut-être, qu'ils s'empoisonnent et qu'ils se tuent, et leur intelligence devrait les détourner, mais leur passion est plus forte et les entraîne. Leur passion ? Je me trompe. Ils n'ont pas encore la passion de l'alcool, et l'habitude n'a pas eu le temps de se former en eux et de s'enraciner, Ce qu'ils vont demander au café, ce n'est pas l'absinthe. c'est plutôt une occasion de se rencontrer, de causer et de rire ensemble. Ils ont seize ans, dix-huit ans, vingt ans, et, à cet âge, causer, s'amuser et rire sont aussi bons et aussi utiles que le pain quotidien. Après le travail de la journée, après celui de la semaine surtout, il faut une détente, et, si nos jeunes gens la cherchent à la terrasse des cafés, c'est qu'ils ne savent pas la trouver ailleurs. Eux aussi, je le crois, ne recourent à la « muse verte » que faute d'une autre plus noble et plus joyeuse. Créons donc, Messieurs, à cette belle jeunesse délaissée, créons des sources de joie comme nous avons créé déjà des foyers de lumière ; aux plaisirs faux et dangereux qui la dépravent opposons de purs et véritables plaisirs.

Parfois, quand je retourne dans mon pauvre pays d'Alsace-Lorraine, il m'arrive de passer le Rhin et d'aller voir, pour mon instruction, ce qui se fait de l'autre côté. Certes, tout n'y est pas à imiter, et je ne suis pas de ceux qui vantent indiscrètement l'Allemagne au détriment de leur pays, mais les jeunes gens de là-bas ont certaines habitudes de vie que je voudrais bien voir aux nôtres. Les soirs d'été, sur la montagne comme dans la plaine, sur les places des villes comme en pleine campagne, ils chantent, en chœur, des chants harmonieux. Ensemble ils célèbrent la grande patrie et ses gloires, le petit pays et ses légendes, la nature qui les entoure et ses beautés. Ils disent aussi les grands sentiments de l'âme humaine, les amours qui l'exaltent et la fortifient, et ils sont heureux. Et, pendant que je les écoute, ma pensée se reporte avec mélancolie à nos chers jeunes gens de France qui, sauf dans de rares départements du Nord et du Midi, ne savent pas se réunir ainsi et ne savent pas chanter. Entendez plutôt ces apprentis qui passent dans la rue. Si la chanson qu'ils braillent ou fredonnent n'est pas ordurière, vous pouvez être à peu près sûrs qu'elle est inepte. Neuf fois sur dix, elle n'a rien de commun ni avec la musique, ni avec la poésie, ni avec le bon sens ; c'est une profanation de la voix humaine, et le rire grossier qu'elle provoque n'a rien de commun avec le bonheur. Pourtant, ces adolescents ne sont pas moins intelligents que d'autres, et leur naturel, malgré les petits airs vicieux qu'ils affectent, n'est pas mauvais. Il est même foncièrement bon, il est riche en ressources infinies. Mais il ne faut pas l'abandonner à lui-même, il faut le cultiver, et pour cela, Messieurs, rien ne vaut les Associations amicales que je vous recommande. Réunissez la jeunesse de votre commune sous votre direction, faites-la chanter de beaux chants, et, tout en élevant son esprit et son cœur, vous lui ouvrirez une source de bonheur qui, de longtemps, ne s'épuisera pas.

Une autre habitude que je voudrais emprunter aux Allemands, c'est celle des excursions dominicales. Rien n'est plus fortifiant pour le corps, ni plus rafraîchissant pour l'esprit. Par un beau jour de printemps ou d'automne, on s'en va, en bandes, visiter un site pittoresque, une ruine historique, un travail d'art. On respire, à pleins poumons, le grand air, l'air salubre dont on a été privé pendant la semaine, durant les longs labeurs de l'atelier. Les muscles restés inactifs s'assouplissent, le sang circule plus généreux dans les veines, l'imagination se remplit de tableaux qui l'enchantent, toute une provision de joie se forme pour les jours mauvais. Pourquoi donc n'aurions-nous pas, dans notre département de la Nièvre, ces associations d'excursionnistes ? Je ne l'ai pas encore parcouru en entier, mais tout ce que j'en ai vu, est charmant. Rien n'est plus gracieux que les bords de la Loire, de Decize à Cosne, et le Morvan, que j'ai traversé en hiver, par la neige, le Morvan, avec ses montagnes noires, ses forêts ténébreuses, et ses vallées pleines de sources bruissantes, le Morvan me paraît devoir être, à l'heure actuelle, comme un paradis. De grâce, Messieurs, que ce ne soit pas, pour nos jeunes gens, un paradis ignoré, et, par cela même, un paradis perdu ! Qu'ils apprennent avec vous à goûter les beautés de la Nature, qu'ils fassent d'elle leur grande amie, et je serai tranquille sur leur avenir : la muse verte ne les séduira plus.

Je ne saurais passer en revue, présentement, tous les objets susceptibles d'être proposés à l'activité de nos futures Amicales. Il en est de mille sortes, et je m'en remets, pour les découvrir, à votre ingéniosité, à votre désir de bien faire. Je me contenterai d'appeler votre attention sur le parti que vous pouvez tirer de la déclamation et des représentations théâtrales. Dans la ville que j'habitais encore, il y a moins d'un an, un professeur de l'école de Commerce avait réuni autour de lui un groupe de jeunes gens, employés de magasins pour la plupart, et avait réussi à les retenir par l'appât des beaux vers. Il leur faisait apprendre et jouer des scènes du *Cid* et d'*Horace*, comme d'*Hernani* et de *Ruy-Blas*, et je vous assure qu'il obtenait de brillants résultats. C'était un régal pour moi de voir et d'entendre sa troupe illustrer, pour ainsi dire, et compléter, par son jeu habile, une conférence populaire sur Corneille ou sur Racine, sur Molière ou sur Victor Hugo; je lui dois quelques-uns de mes meilleurs moments et de mes plus précieux souvenirs. Eh bien, Messieurs, ce que le professeur d'une école pratique de commerce, un instituteur d'hier, a pu faire, à Agen, vous pouvez le faire, vous aussi, à Nevers, à Clamecy, à Decize, à Cosne, à La Charité, à Luzy, etc. Vous aussi, vous pouvez initier vos anciens élèves aux jouissances de l'Art. Mais il est bien entendu que cela seul doit être appris, déclamé et joué, comme cela seul doit être chanté, qui est, au double point de vue de la forme et du fond, absolument irréprochable. Pour former l'âme du peuple, c'est-à-dire du Souverain, je ne veux que de l'excellent.

Car, Messieurs — c'est toujours à cela que je reviens parce que c'est toujours à cela qu'il faut revenir — nos institutions républicaines ont besoin, pour durer, de s'appuyer sur des cœurs vaillants. Les esclaves de l'alcool, les esclaves de l'ignorance et des mauvaises passions sont partout des esclaves. Ils peuvent hurler la *Marseillaise* et crier : Vive la Liberté ! ce ne sont pas des citoyens dignes de ce nom, ce ne sont pas de vrais républicains. Demain, pour un verre d'absinthe, ils crieraient tout aussi volontiers : Vive le Roi ! ou vive l'Empereur ! Voilà précisément pourquoi ceux qui pensent, qui ont l'amour et le souci de la liberté, se tournent vers vous et vous prient d'ajouter à votre tâche coutumière une tâche nouvelle, d'élever l'adolescent et le jeune homme comme déjà vous élevez l'enfant. Voilà aussi la raison, l'unique raison de mon audace à vous demander, à chaque instant, de nouveaux sacrifices. Si je n'ai pas hésité, au début de l'année, à solliciter de vous des conférences et des cours, si je n'hésite pas davantage maintenant à vous conseiller la création de sociétés amicales d'anciens élèves, c'est que je suis un républicain parlant à des républicains. Si, de plus, vous vous rappelez ce que je vous disais, tout à l'heure, de mon pays d'origine, vous comprendrez, sans que j'insiste, que, de toutes les énergies de mon âme doublement française, je vous convie, Messieurs, à faire de tous les jeunes gens de la Nièvre de bons citoyens et de bons Français.

Messieurs, mes chers amis, à la grande A nivernaise d'aujourd'hui, aux petites A nivernaises de demain, pour la République et pour la Patrie !

IV

ENSEIGNEMENT SECONDAIRE

I. — Discours prononcé, le 30 juillet 1895, à la distribution des prix du Lycée de jeunes filles d'Agen.

MESDAMES,
MESSIEURS,

Ce n'est pas moi qui devais prendre la présidence de cette solennité; c'est M. le ministre de l'Intérieur. Quand, il y a deux mois, elle lui fut proposée par Mme la Directrice, son premier mouvement fut de l'accepter. « Je serais heureux, disait-il, de donner un témoignage de ma vive sympathie à la ville d'Agen et à son lycée de Jeunes Filles ».

Malheureusement, ses hautes fonctions le retiennent, en ce moment, à Paris, et vous n'aurez pas le régal d'entendre ce compatriote resté, à Paris, cadet de Gascogne, ce brillant homme d'Etat en qui survit encore le jeune poète d'autrefois. Certes, il est délicat pour moi de le remplacer, et je n'ai ni recherché, ni souhaité ce périlleux honneur. J'ai seulement accepté un devoir qui m'était imposé gracieusement, espérant que l'excellente population agenaise, de laquelle j'ai reçu un si cordial accueil, me pardonnerait mon insuffisance en faveur de ma bonne volonté.

*
* *

Et maintenant, Mesdemoiselles et chères enfants, de quoi vous parlerai-je? Vous n'avez pas encore oublié ces discours où de hauts magistrats qui, suivant une vieille tradition, allient à la science du droit le goût et le culte des lettres, vous ont prouvé l'utilité, l'opportunité de l'enseignement secondaire des jeunes filles. Vous vous rappelez avec quelle finesse l'un commentait les *Femmes savantes* de Molière, avec quelle force l'autre, analysant les facultés de la femme, montrait son aptitude et son droit à recevoir une éducation intellectuelle, non pas identique, mais égale à celle de l'homme. Cette cause a été trop éloquemment défendue pour que j'ose la reprendre, et d'ailleurs, n'est-elle pas, aujourd'hui, complètement gagnée? Les deux cents élèves qui m'entourent disent assez clairement le succès de l'œuvre entreprise par le gouvernement de la République. Les préjugés sont évanouis, les défiances sont tombées; l'enseignement secondaire des jeunes filles n'a plus à justifier son existence, il affirme sa nécessité par ses progrès.

Ce n'est donc pas d'enseignement que je vous parlerai aujourd'hui, Mesdemoiselles, mais de quelque chose de meilleur encore. Les lettres et les sciences sont à la fois une parure et une arme dans la lutte pour la vie; elles sont une force qui commande le respect, mais, à elles seules, elles ne gagnent pas les cœurs. Ce n'est pas, a-t-on dit, par sa puissance, mais par sa bonté, que Dieu est populaire. Eh bien, Mesdemoiselles, je voudrais, — et c'est une de mes plus chères ambitions, — que le Lycée d'Agen devint populaire par votre Bonté.

∴

Laissez-moi me représenter votre retour au mois d'octobre prochain, ou, si vous aimez mieux, votre arrivée au mois d'octobre dernier. Parmi vous les unes étaient des *anciennes* ; elles connaissaient la maison, les maîtresses ; elles se retrouvaient, après les vacances, au milieu de compagnes aimées qui leur souriaient, les embrassaient et avaient beaucoup de choses à leur dire. Les autres, les *nouvelles,* arrivaient un peu craintives au milieu de ces grandes cours où elles semblaient perdues, au milieu de ces visages qu'elles ne connaissaient pas. Comment les avez vous accueillies ? Je ne sais, mais je sais bien comment vous deviez les accueillir. Aux nouvelles compagnes qui vous sont amenées et confiées par vos maîtresses, il faut réserver vos attentions les plus délicates et les plus gracieuses. Songez qu'elles n'ont jamais quitté leurs mères, qu'elles sont encore tout émues de la première séparation. C'est à vous de leur en adoucir l'amertume, en leur faisant retrouver, au Lycée, quelque chose des tendresses de la famille, en les entourant de vos sympathies et de votre amitié Si leurs manières sont un peu gauches, si leur toilette n'est pas de la dernière mode, n'en riez pas. Associez-les, tout de suite, à vos jeux, à vos causeries; prêtez-leur ce dont elles ont besoin : rendez-leur ces mille petits services qu'il est si agréable de recevoir quand celui qui les rend y met un peu de son cœur. En un mot, Mesdemoiselles, faites que, dès l'entrée dans cette maison, on respire comme une atmosphère de bonté.

*
* *

Après quelques jours de vie commune, chacune d'entre vous ne tarde pas à remarquer les défauts de ses compagnes. Car, nous en avons tous, et vous avez aussi les vôtres, Mesdemoiselles, malgré les petits airs angéliques avec lesquels vous nous apparaissez aujourd'hui. Cette tête blonde, si douce à voir, est parfois enlaidie par la colère, et cette gentille enfant, qui baisse modestement les yeux, a ses accès de vanité. Celle-ci est impérieuse et voudrait soumettre tout le monde à ses caprices ; celle-là est jalouse et réclame pour elle seule les éloges et les succès. Je ne pousserai pas plus loin l'analyse ; vous me reprocheriez mon indiscrétion. Du moins, permettez-moi de vous donner un conseil d'ami. Supportez avec douceur les défauts de vos compagnes, faites-leur de petites concessions, de petits sacrifices; elles vous en récompenseront, soyez-en sûres, en usant avec vous d'une égale indulgence. Le Lycée est une famille; si vous voulez y vivre heureuses, soyez unies comme des sœurs.

*
* *

Soyez bonnes surtout pour les chefs de cette famille, pour vos dévouées maîtresses. Oh! je n'ignore pas que vous les aimez. Souvent, quand je viens vous voir dans vos classes, j'aperçois sur le bureau des gerbes de fleurs qui sont là comme le témoignage parfumé de votre affection. On dit qu'un règlement sévère interdit ces gracieuses offrandes ; je ne le connais pas et ne veux pas le connaître : qui donc a jamais vendu sa conscience pour un bouquet de roses ? Mais, si je ne proscris pas les fleurs, je ne crois pas qu'elles soient le meilleur gage de reconnaissance et de sympathie, et la bonté que je vous demande exige plus d'efforts que le ravage d'un parterre. Vos maîtresses s'ingénient à vous communiquer leur savoir, à développer votre intelligence ; montrez-leur que vous appréciez leur zèle en prêtant une oreille attentive à leurs leçons. S'il arrive que vous n'ayez pas répondu à leurs désirs et qu'elles vous grondent, ne murmurez pas, mais plutôt regrettez la peine que vous leur avez faite et rachetez votre faute par un travail plus soutenu. Si même vous ne réussissez pas dans une composition, si vous échouez à un examen, n'accusez personne autre que vous. C'est difficile, je le sais ; il est si commode de faire retomber sur les professeurs la responsabilité de ses négligences, de son étourderie ou de sa paresse ! Mais, ce n'est pas loyal, et ce n'est pas généreux non plus. Toutes, ici, vous êtes l'objet des soins les plus maternels ; toutes, vous êtes mises sur le même rang, ou, si l'on fait quelque distinction, c'est uniquement, suivant la tradition universitaire, en faveur des moins fortunées et des plus laborieuses. Acceptez donc avec résignation vos échecs dont vous êtes seules les auteurs. Vos maîtresses souffrent de vos revers, comme elles jouissent de vos triomphes ; elles ont tout fait pour vous épargner les uns et pour vous préparer les autres ; c'est bien le moins qu'à la fin de l'année scolaire vous leur fassiez le sacrifice de votre vanité et ne vous rappeliez, quels que soient vos succès, que leur zèle et leur dévouement.

*
* *

Vous allez, Mesdemoiselles, retourner pour deux mois au foyer paternel. Pour les externes, rien ne sera changé dans leur existence, sinon qu'elles n'auront plus ni devoirs à faire, ni leçons à apprendre, et qu'elles pourront employer tous leurs loisirs à des lectures attrayantes, aux promenades et aux jeux. Pour vous, internes, au contraire, le changement sera complet. Ce ne sera plus la cloche qui vous réveillera, mais vos mères qui, délicatement, sur la pointe des pieds, entreront dans vos chambrettes roses et blanches, et vous annonceront le jour en déposant un baiser sur vos fronts. Ce ne seront plus vos maîtresses qui vous guideront dans vos promenades, mais vos pères qui se feront un bonheur, le travail fini, de parcourir avec vous les monts et les plaines, les champs et les bois. Et, le soir, à la table de famille, vous retrouverez le grand'père qui jadis vous berçait sur ses genoux, la grand'mère qui calmait vos chagrins d'enfant, peut-être un frère aîné ou une petite sœur qui attendent impatiemment votre retour. Tout le monde vous fêtera, mais tout le monde aussi vous observera. Vos actions, vos paroles, vos moindres gestes seront épiés et interprétés. Ces bons parents, qui ont eu tant de peine à se séparer de vous, se demandent avec inquiétude si le Lycée ne leur a pas pris un peu de votre affection. Hâtez-vous de les rassurer, en étant à leur égard plus tendres et plus empressées que jamais! Votre mère a-t-elle besoin de votre concours, offrez-le lui de bonne grâce, et faites-vous un plaisir de travailler à ses côtés aux choses du ménage. Vous connaissez les goûts de votre père, ses habitudes, ses désirs; prévenez ses demandes et servez-le en souriant. Soyez les yeux de vos grands-parents qui ne peuvent plus lire, soyez aussi le bras sur lequel ils s'appuient, la main qui les conduit. Devenez enfin la seconde maman de la petite sœur et l'ange gardien du grand frère qu'il faut attacher à la maison par une chaîne d'or. Mesdemoiselles, vous pouvez, pendant deux mois, et à peu de frais, donner du bonheur à tous ceux qui vous entourent; l'occasion est belle, ne la manquez pas.

*
* *

Quelques-unes d'entre vous ont terminé leurs études, et vont quitter le Lycée définitivement pour entrer dans le monde. Elles en attendent bien des joies, et je les leur souhaite de tout mon cœur. Mais, qu'elles ne l'ignorent pas, dans le monde comme au Lycée, dans la société comme dans la famille, on ne peut être heureux qu'en se dévouant au bonheur des autres, et, s'il est une différence entre leur vie nouvelle et leur existence présente, je la vois seulement en ceci qu'elles auront un champ plus vaste où exercer leur bonté.

Au Lycée, vous connaissez déjà les souffrances de ceux qui ont faim et qui ont froid, et vous les soulagez dans la mesure de vos moyens. Vous avez un bureau de bienfaisance admirablement organisé et administré par vous, et, tous les ans, vous distribuez en grand nombre de bons de viande, de pain et de bois. Dans les classes de couture, vous confectionnez des vêtements que vous remettez aux pauvres à l'entrée de l'hiver, et vous faites ainsi, avec celui des travaux domestiques, le noble apprentissage de la charité. Tout cela est très bien. Comme l'a dit Edmondo de Amicis, dans un livre que je voudrais voir entre les mains de tous nos écoliers de France, « *Rien n'est si doux au malheureux que l'aumône d'un enfant; c'est à la fois un acte de charité et une caresse... Il semble que de sa main tombent en même temps un sou et une fleur* ». (*Grands cœurs*).

Mais ici, malgré votre bon vouloir, vous ne sauriez aller très loin; vos ressources et votre situation d'écolières ne vous ne le permettent pas. Dans le monde, au contraire, votre bourse sera mieux garnie, et vous pourrez en disposer à votre convenance. N'oubliez pas alors ceux qu'on vous a appris, au Lycée, à consoler et à aimer. Soyez à l'affût de la souffrance pour la guérir. Economisez sur votre toilette et sur votre plaisir pour vous donner la joie de venir en aide aux malheureux. Tant d'œuvres solliciteront votre concours! Toutes sont intéressantes, mais il en est une que vous pardonnerez à l'inspecteur d'Académie de vous signaler particulièrement. Beaucoup d'enfants, dans nos campagnes et dans nos villes, ne fréquentent pas l'école, parce qu'ils n'ont pas de vêtements, ou même sont employés, tout le jour, à des travaux plus ou moins pénibles pour gagner leur nourriture. Ils végètent sans la moindre culture intellectuelle, et souvent sans autre éducation morale que celle de la rue. Et ce sont ces enfants qui deviendront bientôt les citoyens d'un pays libre, c'est-à-dire une partie du Souverain! Vous, Mesdemoiselles, qui avez pris, au Lycée, la claire conscience des nécessités du temps présent, vous avez un grand devoir de solidarité sociale à remplir envers les enfants pauvres. C'est à vous de leur faciliter le chemin de l'école où ils acquerront le savoir indispensable au citoyen, les principes et les habitudes qui font l'honnête homme. Vous êtes femmes, par conséquent nées pour l'apostolat. Aidez-nous donc, partout où vous irez, à établir des sociétés de patronage scolaire. C'est pour la République, qui vous a donné l'enseignement secondaire, une œuvre vitale ; montrez-vous les filles reconnaissantes de la République !

∴

Comme vous êtes le trait d'union naturel des pauvres et des riches, soyez aussi le lien de tous les Français. Ne dissimulez pas, certes, affichez fièrement, au contraire, les opinions libérales que vous ont suggérées vos études et l'éducation du Lycée, mais laissez-nous, laissez aux hommes les allures militantes, le langage souvent inhumain des partis. Que votre salon, — quand vous aurez un salon, — soit un terrain neutre où puissent se rencontrer tous les honnêtes gens ! Malgré la diversité de nos convictions, nous sommes, les uns et les autres, fils d'une même patrie, et nos pères ont ensemble travaillé et souffert pour sa grandeur. Si notre sol est d'une fertilité admirable, ce n'est pas seulement grâce à notre climat, c'est aussi et surtout parce que tous nos aïeux l'ont fécondé de leurs sueurs. Si notre langue a sa clarté limpide et son charme souverain, c'est que tous les fils de la Gaule, ceux du moyen âge comme ceux de la Renaissance, ceux du XVIIe siècle comme ceux du

XVIIIe et du nôtre, y ont mis, avec la lumière de leur intelligence, la probité de leur âme Si notre histoire contient tant de pages glorieuses, c'est qu'elle est faite du génie et de l'héroïsme de tous les Français. Voilà ce qu'il ne faudrait jamais perdre de vue, mais ce qu'on oublie trop souvent dans les luttes politiques, dans la vie même de chaque jour. Vous nous le rappellerez, Mesdemoiselles, avec cette autorité persuasive qui s'attache à la bonté. Écartant tout ce qui nous divise, vous rechercherez habilement tout ce qui nous unit, vous nous entretiendrez de nos souvenirs communs et de nos communes espérances, et vous nous proposerez de communs travaux. Nous ne professons pas les mêmes croyances religieuses; inspirez-nous donc à tous la religion de la souffrance humaine; celle-là ne saurait avoir d'athées. Nous n'avons pas les mêmes idées politiques et nous suivons comme des bannières spéciales; vous, au-dessus de nos mêlées passagères, faites flotter bien haut le drapeau qui doit nous associer dans un même culte, le drapeau tricolore.

*
* *

Ah! si celui-là est jamais menacé, ce n'est certes pas moi qui vous conseillerai l'indifférence. A l'heure du péril, la nation tout entière, femmes et hommes, devra être debout pour faire face à l'ennemi. Sans doute, vous n'aurez pas, comme vos frères, à tirer l'épée, mais, comme eux, vous aurez de grands devoirs à remplir. Non seulement vous ne supporterez pas qu'un seul des vôtres se soustraye à l'obligation et à l'honneur de se battre, mais vous deviendrez infirmières pour soigner les blessés et remplacer auprès d'eux leurs mères et leurs sœurs. Par vos douces paroles, vous les consolerez, vous les aiderez à souffrir, et ceux qui mourront s'en iront plus résignés sous votre regard. Poussant la bonté jusqu'au sacrifice de vous-même, vous donnerez, sans compter, votre or, votre temps, vos forces, toute votre âme au service de la Patrie.

Quand Mesdames la Présidente et la Vice-Présidente du comité agenais de « l'Union des Femmes de France » ont demandé, pour en faire le siège de leur société, une salle du lycée de Jeunes Filles, je me suis empressé d'accueillir et d'appuyer leur requête. Je pensais, en effet, que nulle part elle ne pouvait être mieux qu'ici. Dans cette maison, comme dans tous nos lycées, il est une sainte héroïne dont nous cultivons pieusement la mémoire, c'est Jeanne d'Arc, la bonne Lorraine, qui avait si grand pitié des malheurs de son pays, et ne pouvait voir, sans sentir ses cheveux se dresser sur la tête, répandre le sang français. Vous étiez donc toutes désignées, Mesdemoiselles, pour recevoir au milieu de vous celles qui se préparent, pendant la paix, à étancher, à sauver le sang de nos soldats. Leur travail, à côté de vos salles de classe, est une leçon de choses dont vous profiterez, et, vienne le jour de l'épreuve ou plutôt du dévouement, les anciennes élèves du lycée de Jeunes Filles d'Agen seront à l'avant-garde des « Femmes de France ».

*
* *

Les Femmes de France! Pour nous tous, ces mots sont synonymes de bonté souriante, de grâce exquise, d'ingénieux dévouement. Ils nous rappellent les soins vigilants et tendres qui ont entouré notre enfance, la poésie de notre jeunesse, l'enchantement de notre âge mûr. Et, ce qu'ils nous disent, à nous, ils le diront encore à nos successeurs, ils le diront toujours. Vainement on nous a accusés de vouloir rompre avec la tradition, de défaire l'œuvre que la nature et les siècles avaient si admirablement faite, de substituer des pédantes sèches et raisonneuses aux femmes aimables et aimantes d'autrefois. Vous savez mieux que personne, Mesdemoiselles, combien ces accusations sont injustes. Loin de vous porter au pédantisme, nous cherchons à vous inspirer la modestie, compagne ordinaire du savoir, et les connaissances que vous distribuent largement vos maîtresses n'ont d'autre but que de rendre plus efficace votre naturelle bonté. A une époque où tout le monde est en marche vers la lumière, vous devez participer au mouvement général, sous peine de déchoir. Un jour, vous serez épouses, et, pour être les conseillères écoutées de vos maris, leur soutien et leur réconfort dans les épreuves de la vie, il faudra que vous puissiez vous associer à leurs travaux, ou, du moins, les comprendre. Un jour, aussi, vous aurez des enfants, et, pour remplir envers eux tous les devoirs de la maternité, il faudra que vous soyez en état de surveiller leur première éducation, et de devenir, peut-être, leurs institutrices. Un jour, enfin, la société vous réclamera, et, pour que vous y exerciez une bienfaisante influence, il faudra que rien de ses besoins et de ses aspirations ne vous soit étranger. Vous continuerez donc, Mesdemoiselles, à orner et à développer votre esprit, mais vous conserverez précieusement, comme un héritage sacré, ces vertus de pitié pou les malheureux, de tendresse pour les petits, de douceur pour tous, ce pur et ardent patriotisme, cet enthousiasme généreux pour toutes les causes vraiment humaines, en un mot, cette bonté active et courageuse qui distingue éminemment les Femmes de France.

II. — Discours prononcé, le 26 juillet 1900, à la distribution des prix des cours secondaires de jeunes filles de Nevers.

MESDAMES,
MESSIEURS,
MESDEMOISELLES,

Quand un enfant quitte pour toujours la maison paternelle, son père, sa mère, ne manquent pas de lui donner comme viatique, leurs conseils les plus précieux, leurs plus chères recommandations. Dans ce dernier entretien qui précède le départ, ils cherchent à condenser tout ce que l'expérience de la vie leur a pu fournir de sagesse pratique, tout l'idéal d'honneur et de vertu qu'ils ont eux-mêmes entrevu et poursuivi. A cet être si cher qui va leur échapper ils voudraient communiquer le meilleur de leur esprit et de leur cœur. J'éprouve, aujourd'hui, un désir semblable. Parmi ces jeunes filles qui m'écoutent, plusieurs ne reviendront plus dans cette maison des cours secondaires où elles ont fait leurs études; elles n'entendront plus ces maîtres zélés dont les leçons, discrètement savantes, ont éveillé dans leurs âmes le goût du beau et du vrai; l'heure est venue pour elles d'entrer dans le monde; le temps de l'école est fini. Mais l'Université, qui les a enveloppées de tant de soins et d'amour, ne saurait se désintéresser de leur avenir.

C'est une mère, elle aussi, une mère dont l'effort ne s'épuise pas dans la nourriture des intelligences, et l'inspecteur d'Académie, en prenant la direction des cours, a trouvé une tradition de dévouement paternel qu'il entend conserver. Permettez-moi donc, Mesdames et Messieurs, d'adresser à ces jeunes filles, dont je suis devenu comme le père spirituel, à ces enfants qui vont nous quitter, mes recommandations suprêmes. Laissez-moi leur dire, en toute simplicité, ce que je voudrais qu'elles fussent, dans le monde où elles entrent, pour se montrer dignes de leur seconde famille morale, dignes de l'Université républicaine qui les a formées.

Il arrive souvent, Mesdemoiselles, que le lendemain du jour où elles ont conquis leur brevet, même et surtout si c'est le brevet simple, les jeunes filles renoncent pour jamais à toute étude sérieuse. Elles continuent à prendre des leçons de chant ou de piano, quelques-unes s'intéressent encore au dessin, à la peinture, mais ne leur demandez pas d'ouvrir un livre de science ou d'histoire, de haute littérature ou de morale : elles ont abandonné toutes ces choses avec les robes courtes, et ce ne sont plus pour elles que de lointains et mauvais souvenirs. Elles lisent, il est vrai, car il faut bien remplir de quelque manière le vide des journées, mais leur seul aliment intellectuel, c'est le roman, le roman creux et sans saveur quand il n'est pas malsain. Parfois aussi vous leur voyez un ouvrage entre les doigts, mais c'est une broderie qui ne sert à rien ni à personne, une tapisserie de luxe, une fantaisie. Ont-elles, du moins, ces petites princesses qui prétendent traverser la vie comme un rêve, ont-elles un véritable talent artistique? Oui, après avoir, pendant plusieurs années, consacré trois ou quatre heures par jour à fatiguer leurs pianos, leurs familles et leurs voisins, elles arrivent à exécuter imperturbablement les morceaux les plus difficiles. Mais gardez-vous de leur parler du style de Mozart ou du style de Beethoven, ne leur dites rien de l'évolution qui a conduit la musique de Lulli et de Rameau à celle de Berlioz ou de Wagner; ces impeccables pianistes ne sauraient vous comprendre. A force de copier des tableaux et de reproduire des natures mortes, elles ont acquis une certaine habileté, elles manient le pinceau avec aisance. Mais, qu'on les mène dans un musée, elles ne distingueront pas un Raphaël d'un Rubens, elles connaîtront moins encore les caractères des différentes écoles depuis Fra Angelico jusqu'à Puvis de Chavannes. En réalité, le monde de l'Art, comme celui de la Science, comme le monde réel où elles se meuvent, leur est complètement étranger. Aussi, quelle sèche et insipide conversation que la leur! Écoutez-les, en ce coin de salon où elles causent. Ce ne sont que propos frivoles, vains bavardages où les amies ne sont pas toujours ménagées, dissertations à perte d'haleine sur des questions de toilette et de chiffons. Rien de noble, rien qui élève l'esprit, rien même qui vraiment l'amuse. Et cependant, demain ces jeunes filles seront épouses et maîtresses de maison; demain elles seront mères de famille. Sérieuse et grande sera leur tâche, et elles ne sont nullement préparées à la remplir. N'ayant jamais réfléchi à rien, elles seront incapables, non seulement de s'associer aux travaux de leurs maris, mais de s'y intéresser et de les suivre; elles ne partageront ni leurs pensées, ni leurs sentiments, et le divorce moral qui existe, à l'heure présente, dans tant de familles, ira chaque jour s'affirmant davantage; les hommes iront au cercle parler affaires et politique, pendant que les femmes resteront confinées dans l'isolement et l'ennui. Elles n'auront même aucune influence sur l'éducation de leurs fils, si grande que soit leur tendresse pour eux, car une influence de cette nature suppose une supériorité de raison qui leur manque. On a craint d'en faire des femmes savantes, et on en a fait des femmes insignifiantes, sans action sur leurs familles, sans valeur pour la société et pour la Patrie.

Vous, Mesdemoiselles, vous continuerez dans le monde les études que vous avez si bien entreprises. Connaissant les chefs-d'œuvre de la pensée humaine, non pas, comme tant d'autres, par de vagues et banales appréciations de manuels, mais pour les avoir directement goûtés, vous achèverez à loisir les lectures que vos maîtres ont commencées devant vous. Vous aurez pour livres de chevet les œuvres les plus belles des plus grands poètes de tous les temps, depuis Homère et Sophocle jusqu'à Corneille et Victor Hugo. Je n'ai pas peur qu'elles surexcitent votre sensibilité, ni qu'elles dépravent votre imagination. Les douces figures d'Andromaque et de Pénélope, de Nausicaa et d'Antigone, de la belle Aude et de Berthe aux grands pieds, de Cordélia même et de Dorothée, et toutes celles de la *Légende des Siècles*, peuvent passer à travers vos songes ; elles ne les troubleront pas. Au contraire, elles vous apprendront, et de la manière la plus persuasive, les vertus les plus hautes et les plus délicates, le culte du foyer, la piété filiale et fraternelle, la religion de la souffrance humaine, la sainte passion de l'honneur et du devoir. En même temps, elles vous donneront, comme rien autre ne le saurait faire, l'intelligence et le sentiment du beau. Initiées par la poésie aux mystères de l'Art, vous comprendrez alors les harmonies des sons, des lignes et des couleurs, et vous ne serez plus, pianistes ou peintres, de simples manœuvres, de pauvres exécutantes réduites à une habileté purement mécanique, vous éprouverez ces pures joies, ce frémissement divin qui, des grands artistes, passent à leurs interprètes. Et s'il est vrai, comme le dit Platon, que nos âmes se modèlent sur l'objet qu'elles contemplent, les vôtres, ô mes chères amies, les vôtres seront belles, car elles auront eu, pleine et entière, la révélation de la Beauté.

Avec les grands poètes, je vous invite à lire nos grands historiens. Ce sont des artistes, eux aussi, et notre vie nationale est le plus captivant des poèmes. Quel roman nous enchante comme l'histoire vraie de Jeanne d'Arc? Est-il un drame pour nous émouvoir comme le récit de la Révolution française? Et, dites-moi, quelle épopée écrite avec la plume vaut celle que nos soldats ont écrite avec leur sang? Mais, fût-elle moins intéressante, je vous recommanderais encore l'étude de l'histoire, parce qu'elle fera de vous des Françaises du vingtième siècle, des femmes de votre temps et de votre pays. Déjà, il est vrai, cette œuvre est avantageusement commencée. Plus heureuses que la plupart de vos contemporaines, vous avez appris, non pas seulement les faits qui composent la trame de l'histoire, mais le sens de ces faits, leurs rapports, leur direction. Vous savez, vous, où va le mouvement des Communes au moyen âge, et où tend la Renaissance. On vous a montré le but commun poursuivi par tous les penseurs du dix-huitième siècle, et que la Révolution française, loin d'être un événement miraculeux, une création subite et détestable de l'esprit du mal, est, au contraire, le résultat naturel de tous les événements antérieurs, le triomphe longtemps préparé et universellement applaudi de l'esprit du bien. En un mot, notre vie nationale, si diverse pour qui la contemple superficiellement, si une au fond, vous est apparue à travers l'enseignement de vos maîtres, comme un sublime effort, souvent contrarié, jamais complètement interrompu, vers la Justice et la Liberté. Vous vous êtes expliqué alors nos institutions actuelles, et, au lieu de les maudire, comme celles qui n'en connaissent pas la genèse, vous les avez bénies. De nos cours secondaires, et je le proclame hardiment, dussent les beaux esprits en sourire, vous sortez, Mesdemoiselles, avec des sentiments républicains.

Demain, malheureusement, on attaquera devant vous tout ce que nous vous avons appris à respecter et à aimer. Parmi ceux-là même qui ont le plus profité de nos changements sociaux, beaucoup, aujourd'hui, cherchent à se distinguer de la foule en persiflant nos principes, en injuriant notre foi. Pour ces parvenus l'égalité civile et politique est une erreur, pour ces satisfaits la liberté, sous toutes ses formes, est un danger. Ne leur parlez pas de la souveraineté du peuple, ils la nient; des lois votées par les parlements, ils les méprisent; des pouvoirs élus, ils les outragent. Ne leur parlez pas surtout de la raison et de la science, ce sont leurs ennemis personnels. Cette raison humaine, dont la Révolution française a été l'application féconde au gouvernement des sociétés, ils l'accusent d'impuissance, et, parce qu'elle n'a pas résolu des problèmes étrangers à son domaine, ils déclarent la science en faillite. En revanche, ils font l'apologie de tout ce que nous condamnons. A les entendre, l'intolérance est une haute sagesse et les guerres de religion ont été des saignées bienfaisantes; l'ignorance est un excellent préservatif, et l'oppression du plus grand nombre par quelques-uns ou par un seul, un gage de force nationale et de grandeur. Un coup d'État, qui est un crime, leur paraît, à eux aussi, « une simple opération de police, » qu'ils ne trouvent même pas « un peu rude, » et la maxime détestable que la fin justifie les moyens, ce prétexte de toutes les injustices individuelles et sociales, résume, en politique, toute leur philosophie. Dans le monde de ces bourgeois inconscients, il est de bon ton d'exalter l'ancien régime, et de renier, non seulement 1792, mais 1789.

Gardez-vous, Mesdemoiselles, de vous laisser gagner par leurs sophismes. Apprêtez-vous même, en continuant vos études historiques, à les combattre. Oh! je ne vous engage pas à vous transformer jamais en conférencières, en propagandistes; je ne vous conseille pas davantage de disserter sur les choses de la politique, comme les grandes dames du XVIIe siècle dissertaient sur les choses du cœur. Il vous sied d'être modestes, et la pédanterie est bien laide. Mais, il est joli d'avoir toujours un mot tout prêt pour réfuter une erreur trop audacieuse; il est exquis de pouvoir, parce qu'on en sait la vanité, rire en soi-même des préjugés ambiants. C'est une élégance que vos contemporaines ne connaissent guère, et que je veux vous voir. Au lieu d'abdiquer dans le monde les principes libéraux, portez-les fièrement avec vous partout où vous irez. Soyez respectueuses de toutes les opinions sincères, comme on l'est dans l'Université, mais ne souffrez pas qu'on attaque impunément les vôtres. Ne reniez rien de tout ce qu'il y a eu de beau et de grand dans notre passé monarchique, mais faites en sorte, par votre esprit avisé et plein de bonne grâce, qu'il devienne à la mode, autour de vous, d'être et de se montrer républicain.

Plus tard, vous ferez mieux encore. Quand vous serez mères de famille, vous emploierez les leçons de l'histoire au plus noble des usages, à l'éducation de vos fils. Vous leur direz que, dans un pays comme le nôtre, il ne faut jamais perdre courage, jamais désespérer. Maintes fois, au cours des siècles, nous avons subi d'effroyables crises, où d'autres, sans doute, auraient péri, mais, après chacune d'elles, nous nous sommes élancés, plus unis et plus forts, vers des destinées plus glorieuses. Qu'ils aient donc confiance, même aux heures les plus sombres ; la France ne meurt pas. Vous leur direz aussi que leurs pères ont été les chevaliers du Droit dans le monde, et que cette noblesse les oblige. D'autres peuvent s'absorber dans des calculs d'intérêt, dans des rêves de puissance absolue. Nous ne saurions, nous, séparer nos ambitions du règne de l'équité. Présentement, c'est une faiblesse, peut-être, mais ce sera, un jour, notre force. Que vos fils restent donc fidèles à nos traditions nationales, croyant invinciblement à ce que Gambetta nommait « la justice immanente de l'histoire. » Vous leur direz enfin tout ce que la patrie a fait pour eux, toutes les richesses matérielles, intellectuelles et morales, dont elle les a comblés. Un sentiment de pieuse reconnaissance naîtra alors et se développera dans leurs cœurs, ils aimeront la France comme leurs mères, et seront prêts à lui sacrifier joyeusement leur fortune et leur bien-être, leurs amours et leurs haines, leur santé et leur vie. Ce seront de bons citoyens et de bons Français.

*
* *

En attendant, Mesdemoiselles, cet apostolat encore

éloigné, d'autres études et d'autres fonctions vous appellent que je vous recommande tout particulièrement. Mettez-vous, dès demain, à l'école de vos mères, et apprenez d'elles la science du ménage. Trop de jeunes filles, aujourd'hui, l'ignorent et la dédaignent. Préparer un repas, tenir en ordre une maison, leur semble chose vulgaire et qu'il faut laisser aux servantes. Tout au plus s'exercent-elles à accommoder une friandise pour les jours de gala. On veut pouvoir dire à un invité en lui présentant quelque plat sucré : « Mangez-en; c'est moi qui l'ai fait. » Mais on se garde bien de rester de longues heures à la cuisine, d'y accomplir régulièrement l'humble besogne quotidienne. La cuisine, fi donc! C'est sale et cela sent mauvais. Il vous appartient, Mesdemoiselles, de vous élever au-dessus de ce préjugé si stupide et si fâcheux. Loin d'être méprisable, et bonne seulement pour les esprits incultes, la science du ménage a droit, au contraire, à toute votre estime et les meilleures de vos facultés y trouveront leur emploi. Je ne veux pas dire qu'une bonne cuisinière doive nécessairement posséder chimie, physiologie, etc. Mais est-il donc inutile, pour déterminer le régime d'une famille, de connaître la composition des aliments et leurs qualités digestives? Est-il indifférent de savoir ou d'ignorer les règles d'hygiène propres aux travailleurs manuels et aux travailleurs cérébraux, aux enfants et aux hommes faits? Un grand nombre de maladies dont nous souffrons aujourd'hui, la plupart de nos dyspepsies et de nos névroses viennent précisément de les avoir méconnues, et vous pourrez, en les appliquant, conserver la santé à ceux qui vous sont chers. N'est-ce donc rien qu'un tel résultat, et ne vaut-il pas que vous preniez un peu de peine pour l'obtenir? La santé, mais c'est de tous les biens matériels le plus précieux; c'est la force épanouie et l'activité féconde; c'est la condition indispensable ou plutôt c'est la moitié du bonheur. Si, comme j'en suis sûr, vous aimez vraiment les vôtres, vous honorerez et cultiverez avec plaisir l'art qui vous permettra de la leur assurer.

Outre la satisfaction de conscience que donne toujours l'accomplissement du devoir, vous retirerez, pour vous-mêmes, de cet emploi de votre temps, les plus grands bienfaits. Vous saurez diriger une maison, régler vos dépenses avec économie, faire de vos ressources l'usage le plus fructueux. Toutes choses importantes, Mesdemoiselles, à une époque comme la nôtre, où la fortune a de si fréquentes vicissitudes, et où il devient pour beaucoup si difficile de vivre! On m'a dit et je vous le confie en secret, que les jeunes gens d'aujourd'hui reculent devant le mariage. Ils ont peur des dépenses où les engagerait une femme peut-être oisive, aimant le luxe et la toilette, et incapable de se servir elle-même. Partout où ils n'espèrent pas trouver une grosse dot, ils ne se présentent plus. Je ne les approuve point, car je n'aime guère les calculs égoïstes, et la jeunesse n'est pas la jeunesse si elle n'est la saison des généreuses audaces. Cependant, je ne saurais, non plus, les blâmer bien fort, car je connais l'existence présente et ses redoutables problèmes. Mieux vaut vous exhorter au travail qui réduira tous les obstacles et triomphera de toutes les hésitations. Quand les jeunes filles seront plus laborieuses, plus expertes aux soins du ménage, plus économes, les épouseurs se feront moins rares. Ayez toutes l'activité de Cendrillon, — sans son premier costume — et je promets à chacune de vous un Prince Charmant.

Certains moralistes austères me blâmeront, peut-être, de vous avoir entretenues de ces questions, comme s'ils les supprimaient, eux, en les passant sous silence. Mais, dût leur austérité s'effaroucher davantage, je vous dirai encore qu'il faut travailler de vos mains et faire votre ménage, si vous voulez être belles. Oui, c'est une condition nécessaire. Regardez plutôt ces jeunes personnes dont je vous ai dit l'existence inoccupée. La plupart sont d'une santé débile, astreintes à mille préoccupations gênantes pour passer l'hiver sans trop d'accrocs et n'offrant aucune résistance à la moindre fatigue. Une promenade de deux kilomètres les essouffle, la plus légère indisposition les abat. Elles n'ont qu'un pauvre petit appétit, et ne mangent que du bout des lèvres les mets les plus savoureux. Elles sont maigres et pâles, et leurs grâces, si elles en ont, sont les grâces maladives des plantes élevées en serre chaude : avant longtemps elles seront flétries. On a bien inventé ou ressuscité toute une série d'amusements, — disons de sports, pour être modernes — destinés à leur fournir, avec l'activité, un peu de souplesse et de vigueur. Et, certes, je ne médirai pas du patinage et du croquet, de la paume et de la bicyclette, mais vous m'avouerez que ces exercices n'ont chacun qu'une saison, et qu'il faut autre chose pour la vie de tous les jours. Le secret de la beauté n'est pas là. Demandez-le donc à ces humbles bourgeoises qui ont été nos grand'mères et dont nous conservons pieusement dans nos chambres à coucher ou dans nos salons les portraits souriants. Elles ne se promenaient pas à bicyclette, mais elles se levaient de bonne heure pour préparer le repas de la famille, et, toute la journée, elles allaient et venaient dans la maison, vraies âmes du foyer. Elles ne fréquentaient pas les plages et les villes d'eaux, mais elles cultivaient leur jardin, et soignaient avec une égale et tendre sollicitude leurs légumes et leurs fleurs. Bien rarement on les conduisait au théâtre ou au concert, mais elles trouvaient un plaisir souverain à ranger dans de vieilles armoires de hautes piles de linge blanc comme la neige, et de longues théories embaumées de pots de confitures. Voilà pourquoi, tout en donnant au pays des fils nombreux et robustes, elles ont conservé jusque sous les cheveux blancs l'œil vif et le teint rose ; voilà ce qui a fait et entretenu la douce sérénité de leur visage et leur beauté. Mes chères amies, puisque toutes vous voulez être belles, faites vous-mêmes vos confitures.

*
* *

Habituées à une vie laborieuse, vous trouverez facilement les loisirs nécessaires pour les œuvres de charité, et vous saurez imprimer à votre action sociale le caractère qu'elle doit avoir. Car, remarquez-le, ce ne sont pas, en général, les personnes oisives qui ont le temps de s'occuper, ou qui s'occupent bien des autres. Se levant tard, consacrant toute la matinée à sa toilette, et le reste de la journée à des visites ou à des parties de plaisir, la mondaine n'a pas une minute à donner aux malheureux. Un pauvre se présente-t-il à sa porte, elle lui envoie, par sa domestique, une pièce de monnaie ou un morceau de pain, et c'est tout. Parfois, il est vrai, elle fait davantage. En hiver, ou en cas de désastre public, quand elle lit dans les journaux les ravages du froid et de la faim, d'un incendie ou d'une inondation, son cœur s'en émeut légèrement, et elle cherche à y porter remède. Mais, qu'imagine-t-elle ? Des fêtes et toujours des fêtes, des kermesses et des bals. Il est si agréable de jouer le rôle de dame vendeuse dans des bazars somptueusement décorés et de faire payer un cigare d'un louis d'or! Et pourrait-on manquer une occasion de danser en des salons resplendissants de lumières, et d'y étaler ses épaules et ses bijoux? On exerce ainsi la charité en s'amusant. Oui, mais quel profit en revient aux pauvres, aux malheureux qu'il s'agissait de secourir? Le plus souvent, ce profit est bien maigre, si même il n'est pas nul. Hélas! combien j'en ai vu de ces budgets de fêtes de bienfaisance soldés en déficit! Je veux pourtant, car la chose arrive, qu'une kermesse ou un bal soient très productifs. Il n'en reste pas moins vrai que ce ne sauraient être les moyens permanents d'atténuer la misère, à plus forte raison de la guérir, et des jeunes femmes, des jeunes filles, élevées comme vous l'avez été, doivent trouver plus et mieux dans leur esprit et dans leur cœur. Une pauvre femme de votre voisinage vient à tomber malade. Ne vous contentez pas de lui envoyer une tasse de bouillon ou une bouteille de vin vieux, mais, chaque fois que ce sera possible, allez la voir vous-mêmes. Probablement l'atmosphère de sa chambre sera viciée, et les règles hygiéniques les plus élémentaires auront été méconnues. Ouvrez la fenêtre et faites entrer un peu d'air pur; prenez bravement le balai, et mettez un peu d'ordre et de propreté dans le taudis. Ce n'est pas tout. Avec le remède du corps, apportez à la malade le remède autrement précieux de l'âme. Ecoutez ses plaintes en sœur compatissante, dites-lui une bonne parole qui la console et la réconforte, répandez sur sa blessure le baume divin de l'espérance. Alors, votre visite aura été, dans sa sombre demeure, comme un rayon de soleil, et elle vous bénira parce que vous lui aurez donné la douceur de se sentir aimée, et le courage de souffrir.

N'attendez même pas, pour agir, que la misère se produise. Prévenez-la en combattant celles de ses causes, comme l'ignorance, l'imprévoyance et le vice, en face desquelles nous ne sommes pas désarmés. — Comment ? me direz-vous peut-être. Vous nous avez interdit tout à l'heure de nous faire prédicatrices, et nous n'avons aucune envie de former une nouvelle Armée du Salut. — Sans doute, Mesdemoiselles, mais il y a tout près de chacune d'entre vous une institution qui n'est pas ridicule, celle-là, et qui est chargée d'enseigner et de moraliser le peuple. Je veux parler de l'école, de l'humble école primaire. Il appartient aux personnes intelligentes de l'aider dans l'accomplissement de sa grande tâche, et toute ancienne élève de nos cours secondaires, en particulier, doit devenir, pour l'institutrice de son quartier ou de sa commune, une collaboratrice et un appui. Beaucoup d'enfants ne fréquentent pas l'école parce qu'ils manquent de vêtements convenables. Leurs mères les y enverraient volontiers, elles seraient heureuses de les savoir dans des salles chaudes en hiver, à l'abri des accidents de voitures en été, étudiant de belles et bonnes choses qui leur profiteraient plus tard et les rendraient meilleurs. Mais leurs robes, leurs pantalons et leurs blouses sont trop déchirés ou trop rapiécés, leurs pieds sont nus, et l'on n'ose pas les montrer ainsi. Car l'indigent a sa fierté dont il faut tenir compte. Imitez donc ce qui se fait déjà dans deux petites villes du département. Là, de nobles femmes se réunissent, un jour par semaine, pour préparer des vêtements aux enfants pauvres de nos écoles. Au milieu de charmantes causeries, elles taillent et cousent force blouses et force robes, et, quand vient l'hiver, elles achètent, avec le produit de leurs cotisations, une ample provision de bas et de chaussures. Leurs distributions sont accueillies avec gratitude et obtiennent l'effet désiré; tous leurs petits clients qui, laissés sans secours, auraient croupi dans l'ignorance, livrés à la rue et à ses dangers de toute sorte, deviennent, à l'école, des élèves assidus.

Mais, à douze ans, si ce n'est même plus tôt, ces enfants nous quitteront pour gagner leur vie, et il y a bien des chances pour qu'ils oublient vite nos leçons et nos conseils. Ces petites filles, aujourd'hui si sages, vont entrer demain dans un atelier où elles entendront, peut-être, des propos pernicieux, à la porte duquel on leur offrira des feuilletons corrupteurs. D'autres auront l'avantage de rester à la campagne et de mener auprès de leurs parents, sous la tutelle vigilante de leurs mères, une vie rude et saine, mais, dans la monotonie de leur existence, elles seront exposées à l'ennui, et l'ennui est un mauvais conseiller. Aussi, plusieurs de nos vaillantes institutrices de la Nièvre ont organisé des réunions du dimanche qui ont précisément pour objet de maintenir et de fortifier, sur leurs anciennes élèves, leur action bienfaisante. On se réunit, à l'école, pendant les heures inoccupées, la maîtresse fait une petite leçon d'économie domestique ou d'hygiène, puis on lit ensemble des pages qui élèvent l'âme et font aimer les bons livres, et la séance se termine par de beaux chants. Votre place, Mesdemoiselles, est marquée d'avance dans ces réunions-là. Faites comme ces dames et ces jeunes filles des meilleures familles de Paris que l'exemple de Maurice Bouchor a entraînées, et qui sont devenues, à sa suite, des lectrices du peuple.

Comme elles, lisez à nos jeunes paysannes, lisez à nos jeunes ouvrières, en le leur commentant, ce qu'il y a de plus simple à la fois et de plus délicat chez nos grands écrivains. Comme elles aussi, faites participer vos nouvelles amies aux jouissances que l'art vous procure, et, sur le piano de l'institutrice, exécutez pour elles vos morceaux les plus délicieux. Mais, pourquoi chercher à Paris les modèles à vous proposer? J'ai vu, dans la Nièvre même, une dame, aussi intelligente que généreuse, devenir l'auxiliaire la plus dévouée de l'institutrice de sa commune pour le recrutement et l'organisation des réunions hebdomadaires. Elle y attire les petites ouvrières de sa connaissance, récompensant avec une ingénieuse habileté les plus assidues, s'amusant et travaillant avec elles. Elle les fait jouer, elle les fait chanter, et l'ascendant qu'elle prend sur ses pupilles lui sert à les guider dans la vie. En un mot, elle remplit, comme toute personne éclairée et bonne devrait le remplir, comme vous le remplirez demain, le devoir social.

Le devoir social! Longtemps on l'a cru moins impérieux qu'il ne l'est réellement, et tout ce que l'on donnait aux autres de sa fortune et de soi-même, sans y être astreint par la loi, paraissait un libre don, une grâce. Nous sommes, heureusement, mieux renseignés aujourd'hui. Nous savons que, dans toute propriété individuelle, il y a quelque chose de social, quelque chose, en conséquence, que, pour être simplement justes, nous devons rendre à la Société. Nous lui devons une partie de notre fortune comme une partie de nos forces, nous lui devons nos talents et nos vertus. Et aucun de nous ne s'étonne plus de voir dans l'*Enfer* de Dante une place réservée aux hommes qui se sont contentés de s'abstenir du mal :

non seulement ceux-là n'étaient pas charitables, mais ils n'étaient pas justes. Vous, Mesdemoiselles, que nous avons entretenues et comme nourries des principes de la solidarité humaine, vous saisirez avec empressement toutes les occasions de payer à la société la dette que vous avez contractée envers elle. A tous ceux qui portent péniblement leur fardeau sur la route de la vie, à tous les fatigués, à tous les malheureux, vous serez des amies secourables. Vous pleurerez avec ceux qui pleurent, et vous relèverez ceux qui tombent. Vous serez des mères pour les orphelins, des infirmières pour les blessés, et, entre tous les hommes de toutes les conditions et de toutes les races, des ministres de concorde et de paix. Notre cher pays souffre de divisions funestes. Parmi nos concitoyens, les uns vivent obstinément fixés dans la contemplation du passé, les autres s'absorbent dans leurs rêves d'avenir; ceux qui possèdent sont inquiets, et ceux qui ne possèdent pas regardent les premiers d'un œil défiant. A vous d'éteindre les haines, de calmer les inquiétudes, de dissiper les défiances. Ayant l'esprit assez large pour comprendre ce qui fut et ce qui est, vous jugerez que le présent lui-même n'est pas définitif et qu'il doit faire place, lui aussi, à un état meilleur. Vous mêlant aux humbles, travaillant à répandre au milieu d'eux plus de bien-être et plus de savoir, plus de poésie et plus de moralité, vous amènerez les pauvres moins délaissés et les riches mieux avertis de leurs devoirs à se tendre fraternellement la main. Alors s'élèvera, haute et splendide, sous l'azur des cieux, la Cité nouvelle, la Cité dont, depuis cent années, nos penseurs, comme nos poètes, tracent le plan, et dont nous aurons, nous, apporté les pierres. Dans toute notre France pacifiée, et, par cela même, plus puissante que jamais, règnera un seul et même idéal, fait de justice et d'amour.

*
* *

Maintenant, Mesdemoiselles, entrez joyeusement dans le monde qui s'ouvre devant vous. Sans doute, vous y subirez des déceptions amères, et vous y perdrez des illusions chéries. Sans doute même vous aurez quelque jour affaire avec la douleur, que je voudrais, comme vos mères, écarter de vous, mais qui n'épargne personne ici-bas. Vous serez heureuses néanmoins, j'ose vous le promettre, si vous suivez mes conseils. La culture constante de votre esprit vous délivrera de ces mille petits ennuis dont les âmes frivoles sont tourmentées; elle vous permettra de voir de haut et de mépriser bien des accidents qui les accablent; elle vous causera des délices qui leur sont inconnues. L'activité physique déployée dans votre ménage vous maintiendra en bonne santé, vous donnera la souplesse et la vigueur qui font supporter allègrement toutes les fatigues, et vous apportera la répercussion intime du bien-être et de la joie des vôtres. De vos œuvres de charité, enfin, vous reviendront les satisfactions les plus exquises à la fois et les plus profondes, celles de la vie féconde qui se répand sans s'amoindrir, celles du dévouement que les âmes d'élite préfèrent même à la vie. Et quand vous arriverez au soir de votre existence, vous pourrez promener un regard tranquille sur la journée accomplie, car, l'ayant consacrée toute au culte du Vrai, du Beau et du Bien, vous aurez mis dans votre être éphémère quelque chose d'immortel.

III. — Discours prononcé, le 26 juillet 1901, à la distribution des prix du collège de Cosne

Mesdames,
Messieurs,
Mes chers amis,

Tout à l'heure, votre dévoué professeur de rhétorique, M. Gibouin, s'excusait de se conformer à une vieille coutume et de vous faire un discours. Eh bien, moi, je ne m'excuserai pas de lui répondre. Je suis heureux, au contraire, d'avoir une occasion de dire publiquement l'estime affectueuse qu'il m'inspire. Après l'avoir désigné au choix de M. le recteur et de M. le ministre pour la chaire qu'il occupe, j'ai suivi ses efforts avec la plus vive attention, et j'ai applaudi, avec vous, à ses premiers succès. C'est un des hommes qui, dans une situation modeste -- trop modeste, — sont la force et l'honneur du collège de Cosne. Je suis heureux aussi de pouvoir manifester ma cordiale sympathie à votre nouveau principal. Il y a quelque douze ans, M. Duluc et moi, nous étions professeurs dans le même collège, et, bien que nous ne fussions pas restés longtemps ensemble, j'avais déjà pu, alors, apprécier la finesse de son esprit, la sûreté de son jugement, la loyauté de son caractère. Aujourd'hui, je me félicite de l'avoir de nouveau pour collaborateur, et je vous félicite, Mesdames et Messieurs, de ce qu'il ait été appelé à la tête de votre collège. Aidé, comme il l'est, dans le gouvernement des choses matérielles où tout est vigilance et prévoyance de mère, dévouement et bonne grâce, aussi bien que dans l'administration des choses intellectuelles et morales, il réalise et réalisera de plus en plus, j'en suis sûr, ce programme d'éducation universitaire qui vient de vous être tracé, et dont je veux mettre en relief le triple caractère, *libéral*, *national* et *social*.

⁂

Libéral, oui, tel est bien le caractère de notre discipline. Quand il s'agissait de former des sujets, dominés par la crainte, recevant du dehors la règle de leur conduite, on comprenait aisément que la discipline du collège fût autoritaire et compressive. Il y avait harmonie entre la vie d'alors et l'esprit de l'éducation. Mais, aujourd'hui, nous avons à préparer des hommes libres, n'obéissant qu'aux lois établies par eux, c'est-à-dire à eux-mêmes, à leur raison, à leur conscience. Dans quelques années, ces enfants qui m'écoutent seront les citoyens d'une république, et, si nous les voulons à la hauteur de leur tâche, il nous faut former en eux, dès maintenant, des âmes de républicains. Voilà pourquoi, Messieurs, nous avons renoncé à tout cet appareil de punitions que l'Université avait reçu d'ailleurs, et qui faisait des anciens collèges « ces géoles de jeunesse captive », dont Montaigne a esquissé l'effrayant tableau. Au lieu de terroriser, nous nous adressons à la conscience de l'enfant, nous faisons appel à ses sentiments instinctifs d'honneur et de justice, nous lui découvrons peu à peu la splendide beauté du bien. Il apprend ainsi à être sincère et loyal, soucieux de sa dignité personnelle et respectueux de toutes les supériorités légitimes ; il apprend ainsi à aimer le travail pour le travail lui-même, parce que c'est à la fois la grande loi du monde, la source des plus pures jouissances et la condition indispensable du progrès. Ce qui le conduit, ce n'est pas la crainte servile, c'est l'amour, l'amour que provoque la vue du bien dans tout noble cœur. Sans doute, nous n'avons pas supprimé la règle ; je vous assure même que, dans les mains de M. le principal, elle est plus ferme que jamais. Toutefois, Messieurs, s'il en est parmi vous qui comptent encore sur le collège pour « dresser », comme on le disait tout à l'heure, des natures rebelles à la raison, qu'ils se détrompent : nos établissements universitaires ne sont ni des écoles de dressage ni des maisons de correction ; ce sont des ateliers de démocratie où nous élevons nos enfants, avec une « sévère douceur », par et pour la liberté.

***

Ce sont aussi — le mot n'est pas trop fort — les temples de l'éducation nationale. On vous a exposé comment nous entendons l'enseignement de l'histoire et que c'est, dans nos classes, une constante leçon de patriotisme. Mais il en est un peu des autres matières de nos programmes comme de l'histoire : le même esprit pénètre et circule partout. Nous faisons aimer la France dans son sol admirable, où se trouvent réunies toutes les merveilles dispersées ailleurs, frais vallons et larges plaines, torrents impétueux et fleuves tranquilles, montagnes aux neiges éternelles et perspectives infinies des mers. Nous la faisons aimer dans chacune de ses provinces, aux individualités si puissantes qu'elles résistent encore à notre centralisation excessive, et particulièrement dans notre Nivernais dont nous étudions avec piété les beaux monuments civils et religieux, la vie artistique et industrielle, les légendes et les traditions. La France, nous l'enseignons avec sa langue vive et claire, expression fidèle de son alerte et lumineux génie ; avec sa littérature, où tout nous parle de sincérité et de bon sens, de justice et de charité, et qui compte les plus parfaits exemplaires de l'héroïsme ; avec les sciences elles-mêmes, où nous ne pouvons aborder le moindre sujet sans trouver la marque d'un de nos grands hommes, Lavoisier ou Laplace, Claude-Bernard ou Pasteur. Si humble que soit son rôle, chacun de nos professeurs est, dans sa classe, un prêtre de la patrie. Certainement, notre culte n'a rien d'exclusif et de haineux. Fidèles, malgré tout, aux généreuses traditions de nos pères, nous estimons qu' « il fait partie de notre profession de Français d'aimer l'humanité et de la servir ». Mais, nous repoussons avec énergie un internationalisme sacrilège qui, supprimant les caractères distinctifs de chaque peuple, affaiblirait chacune des unités sociales, et diminuerait, par cela même, l'humanité qui en est la somme. Pour servir l'humanité nous voulons d'abord rester Français. Aussi, de quel ardent amour nous entourons ce drapeau tricolore où se symbolisent nos gloires et nos espérances Avec quelle émotion nous le montrons à nos élèves, au grand soleil du 14 juillet, passant bien droit dans les mains vaillantes qui le portent, et nous promettant un meilleur avenir! Ah! messieurs, ce n'est pas à nous qu'il faut venir parler d'un divorce entre les intellectuels et l'armée nationale, gardienne incorruptible de la loi comme de la patrie. Ce n'est pas à Cosne surtout que l'on pourrait tenter de rompre l'union intime de nos forces militaires et morales, de l'armée et de la démocratie. Le chef du régiment, dont je suis heureux de constater la présence auprès de moi, est un fils reconnaissant de l'Université, et, pour qui a, comme nous, mon cher principal, passé sa jeunesse devant la frontière lorraine, écoutant, avec Jules Ferry, « monter vers son cœur inconsolé la plainte des vaincus », il est des défaillances, des impiétés patriotiques qui ne se comprennent pas.

∴

Libérale et nationale, notre éducation revêt un troisième caractère qu'on a eu parfaitement raison d'indiquer : elle est sociale. Nous ne laissons pas croire à nos élèves qu'ils sont nés uniquement pour eux-mêmes, pour porter leurs forces et, avec elles, leurs jouissances au plus haut degré possible, pour s'épanouir pleinement, en un mot, sans souci de leurs semblables. Nous leur permettons encore moins de penser que, de jeter une banale aumône dans l'escarcelle du pauvre, cela suffira un jour pour payer la rançon de leur bien-être et de leurs plaisirs. Les Universitaires du XXe siècle ne sauraient se contenter à si bon compte ; ils doivent être et ils sont les prédicateurs de la solidarité. Ayant appris de l'histoire humaine comme de l'histoire naturelle, de leur expérience de la vie comme de l'économie politique, et des intuitions de leur cœur comme des démonstrations de leur raison, les liens étroits d'interdépendance qui unissent chaque homme à tous les autres et la génération présente à tout le passé et à tout l'avenir, ils font comprendre à leurs élèves l'énorme dette contractée par eux, dès leur naissance, envers la société. Ils leur exposent cette accumulation ininterrompue et cette universelle coordination d'efforts représentées par le pain qui les nourrit, par le vêtement qui les couvre, par la maison qui les abrite, par le livre qui les instruit. A ces enfants, membres actuels ou futurs de la classe bourgeoise, ils font sentir combien sont étendus et combien stricts leurs devoirs de reconnaissance à l'égard de l'ouvrier et du paysan. Il y a mieux encore. Ayant, pour la plupart, une humble origine, dont ils sont fiers, loin de la renier comme tant d'autres, étant restés, par leurs inclinations naturelles, près de la classe populaire, vivant de la vie commune des citoyens, ils inspirent à tous le respect et l'amour de leurs collaborateurs manuels. Avec eux, la solidarité n'est plus seulement une constatation scientifique du lien social, c'est une tendre et agissante fraternité.

Aussi, Messieurs, quand ces élèves, arrivés à l'âge d'homme, auront à diriger une usine ou une exploitation agricole, quand ils seront ingénieurs ou officiers, quand ils siégeront dans nos conseils électifs, je sais bien ce qu'ils feront. S'ils n'oublient pas nos leçons et nos exemples, ils s'efforceront, par tous les moyens en leur pouvoir, d'améliorer le sort de leurs frères. Patrons, ils assureront à leurs employés une juste rémunération de leurs services, s'occupant avec sollicitude de leur santé et leur ménageant des loisirs réparateurs. Chefs, ils auront pour leurs subordonnés tous les égards dus à des êtres raisonnables et libres, à des personnes morales qui ont une valeur infinie. Savants ou artistes, ils iront vers la foule, lui apporteront ce pain de la science dont elle leur a, par ses pénibles travaux, permis l'acquisition, et communieront avec elle dans la contemplation du beau, dans les hautes et pures jouissances de l'art. Investis de mandats représentatifs, ils proposeront ou appuieront toutes les mesures propres à conjurer la misère, à répartir plus équitablement les charges sociales, à favoriser la coopération et l'assistance mutuelle, à maintenir la concorde entre les citoyens. En un mot, l'influence que leur donnera leur position plus ou moins élevée dans la hiérarchie sociale, ils la consacreront toute à hâter l'avènement sur cette terre du règne de la justice, à répandre sur l'humanité pacifiée plus de lumière et de bonheur.

⁂

Voilà, Messieurs, les signes auxquels se reconnaîtra, au cours du XXe siècle, le véritable élève de l'Université. Il me semble déjà le voir, et mes yeux se reposent sur lui avec complaisance. Habitué par une éducation libérale au gouvernement de lui-même, le jour où il échappe à la direction de sa mère ou de ses maîtres, il ne flotte pas au gré des vents contraires, comme un navire désemparé. Il se respecte et travaille; il résiste avec énergie aux passions malsaines et va droit son chemin. C'est, dans toute l'acception du terme, un honnête homme. Fier citoyen d'une libre démocratie, loin de bouder la

République par esprit d'opposition ou par mode, il se fait le vigilant gardien d'une forme de gouvernement approuvée par sa raison et où il voit la condition nécessaire de tous les progrès. Il a pour la patrie le culte d'un fils pour sa mère, et, pour elle, il est prêt à tous les sacrifices; c'est un soldat d'une soumission et d'un zèle exemplaires, et, s'il faut verser son sang sur un champ de bataille, il le versera sans hésitation et même avec joie; il y a en lui l'étoffe d'un héros. C'est, comme on disait autrefois, un philanthrope, un ami de l'humanité, ou, plus simplement, c'est un homme social. Au lieu de se renfermer dans un individualisme naturaliste ou mystique, forme raffinée de l'égoïsme, il ne sépare point sa destinée du sort de ceux qui l'entourent; sachant que nous sommes « membres les uns des autres », qu'il faut nous sauver ou périr ensemble, il vit pour ses frères non moins que pour lui. — Le vrai fils de l'Université, Messieurs, c'est l'accompli représentant de notre race, avec sa loyauté et sa fierté natives, avec sa bravoure chevaleresque et sa générosité humaine, c'est l'héritier des Gaulois du temps jadis et des hommes de la Révolution, c'est le vrai Français.

FIN

TABLE DES MATIÈRES

IV

ENSEIGNEMENT SECONDAIRE

Paris. — Imp. A. Picard et Kaan, 192, rue de Tolbiac. L. L. P.

PARIS
IMPRIMERIE A. PICARD & KAAN
192, Rue de Tolbiac, 192

www.ingramcontent.com/pod-product-compliance
Ingram Content Group UK Ltd.
Pitfield, Milton Keynes, MK11 3LW, UK
UKHW021049230726
13926UKWH00004B/1743

9 782016 197066